나를 빛나게 하는
셀프리더십
공감과 소통의 힘

나를 빛나게 하는 **셀프리더십**

발행일	2023년 9월 25일		
지은이	박지아		
펴낸이	손형국		
펴낸곳	(주)북랩		
편집인	선일영	편집	윤용민, 배진용, 김다빈, 김부경
디자인	이현수, 김민하, 안유경	제작	박기성, 구성우, 배상진
마케팅	김회란, 박진관		
출판등록	2004. 12. 1(제2012-000051호)		
주소	서울특별시 금천구 가산디지털 1로 168, 우림라이온스밸리 B동 B113~114호., C동 B101호		
홈페이지	www.book.co.kr		
전화번호	(02)2026-5777	팩스	(02)3159-9637

ISBN   979-11-93304-67-9 13190 (종이책)   979-11-93304-68-6 15190 (전자책)

(주)북랩 성공출판의 파트너

북랩 홈페이지와 패밀리 사이트에서 다양한 출판 솔루션을 만나 보세요!

홈페이지 book.co.kr   •   **블로그** blog.naver.com/essaybook   •   **출판문의** book@book.co.kr

작가 연락처 문의 ▸ ask.book.co.kr

작가 연락처는 개인정보이므로 북랩에서 알려드릴 수 없습니다.

나를 빛나게 하는

셀프리더십

공감과 소통의 힘

박지아 지음

북랩

셀프리더십의 의미

'셀프' 하면 여러분은 무엇이 가장 먼저 떠오르시나요?

저는 식당에 가면 흔히 볼 수 있는 '물은 셀프입니다'라는 문구가 가장 먼저 떠오릅니다.

물은 셀프입니다. 이것은 어떤 의미일까요?

아마도 그 말은 '물은 스스로 떠다 드세요. 찬물, 뜨거운 물, 미지근한 물, 당신이 마시고 싶을 때, 당신이 원하는 대로 떠다 드시면 됩니다.'라는 의미일 겁니다.

맞습니다. 식당에서 밥을 먹을 때 물은 셀프인 것처럼, 지금은 우리 인생을 꾸려감에 있어서 나를 빛나게 하는 셀프리더십이 필수인 시대입니다.

셀프리더십은 자기 자신을 이끌어 내는 능력으로, 내적 동기부여와 목표설정, 자기 통제, 자기 개발 등을 포함한 자기 계발 프로세스입니다. 이 개념은 로스앤젤레스의 베이더만 경영대학원에서 처음으로 소개되었습니다.

Manz & Sims(1991)는 셀프리더십을 '자기 자신에게 영향을 미치는 과정으로, 스스로 리더십을 발휘하여 자신의 사고나 행동을 바람직한 방향으로 이끄는 것'이라고 정의했습니다.

셀프는 '자아'의 개념으로 이해할 수 있고, 이는 인간 내부의 기본적인 '자율성'을 강조한 것입니다.

외부의 통제나 타인의 지시에 의해서가 아니라, 스스로 목표를 설정하고 그 목표를 달성할 수 있도록 자신의 신체적, 정신적, 사회적 측면에서 성과 지향적인 사람으로 자신을 키워내는 과정입니다.

셀프리더십이 필요한 사람들

그렇다면, 셀프리더십은 누구에게 필요할까요?

기업의 CEO? 조직의 관리자? 그것도 아니라면 어느 자리에서 중요한 역할을 하고 있는 임원?

아닙니다. 셀프리더십은 누구에게나 필요합니다.

셀프리더십은 조직 내에서 리더 역할을 맡지 않은 사람들도 자신의 일과 삶에 대한 책임감을 가지고, 미래를 계획하며, 지속적이면서 개인적으로 발전할 수 있는 능력을 갖추고 싶은 사람이라면 누구에게나 필요합니다.

이는 조직의 성과를 높이고, 개인의 성장과 직무 및 삶의 만족도를 향상하는 데 중요한 역할을 합니다.

취업을 앞둔 취업준비생들도 본인이 잘하는 것, 자신 있는 분야, 자신의 강점을 스스로 어필할 수 있어야 하고, 어렵게 1차 서류에 합격했다면 2차 면접에서 면접관에게 자신의 역량을 어필할 수 있어야 마침내 취업에 성공할 수 있게 됩니다.

어렵게 회사에 취직했다면 이제, 적응의 과정이 남아있겠죠~ 나이 차이가 많이 나는 선배나 직장 상사로부터 '요즘 사람들은 참, 우리 때랑 달라'라는 말을 듣지 않기 위해 슬기롭게 소통하는 법을 배워야 그 회사에서 살아남을 수 있습니다.

회사에서 적응을 마치고, 대리나 과장의 위치에 가면 이제 다 끝났을까요? 그때부터는 윗사람 눈치, 아랫사람 눈치를 다 보는 일명 낀 세대로서의 사명을 다해야 합니다. 중간관리자로서의 리더십을 잘 발휘할 수 있어야 회사 내 다리 역할을 해내는 링커로서의 역량을 발휘할 수 있게 되는 것이죠.

자, 회사생활 너무 힘드니 그만두고, 창업해서 사장님이 한번 되어볼까요?

내 가게, 내 사업장을 운영한다고 만사가 편해질까요?

이제부터는 직장동료가 아닌, 고객과의 소통 능력이 필요한 순간이 찾아옵니다.

부모와 자식 간에도 마찬가지고, 부부간에도 마찬가지입니다. 셀프리더십은 본인을 바람직한 방향으로 이끌어가고 싶은 사람이라면 누구에게나 필요한 요소입니다.

이 책은 한 개인이 스스로 리더십을 발휘하여 자신의 사고나 행동을 바람직한 방향으로 이끌어 낼 수 있도록 다양한 아이디어를 제시하기 위해 집필되었습니다.

나를 빛나게 하기 위해 필요한 요소

자, 그렇다면 셀프리더십을 발휘하기 위해서는 어떤 것들이 필요할까요?

셀프리더십을 발휘하기 위해서는 먼저 자신이 원하는 것이 무엇인지 알아야 하고, 그것을 위한 목표와 계획을 설정해야 합니다. 이를 위해 자기 인식과 행동 습관, 그리고 긍정적인 태도를 개발하는 것이 중요합니다. 또한, 지속적인 자기 개발과 학습, 그리고 자신을 도전시키는 일을 하며 새로운 경험을 쌓아야 합니다. 마지막으로, 다른 사람들과의 소통과 협력을 통해 자신의 리더십 역량을 발전시키는 것도 중요합니다. 다른 사람들과 함께 일하면서 서로를 존중하고 배려하는 태도를 가지며, 다른 사람들의 의견과 아이디어를 수용하고 적극적으로 참여하는 것이 셀프리더십을 발전시키는 데 큰 도움이 됩니다.

이 책에서는 셀프리더십을 발휘하기 위해 필요한 공감소통 요소를 크게 4가지 꼭지로 나누었습니다.

첫 번째 슬기로운 직장생활 : 동료와의 소통

두 번째 매출 팍팍 올리는 사업장 만들기 : 고객과의 소통

세 번째 행복한 우리집 : 가족들과의 소통

네 번째 퍼스널브랜딩 : 나 자신과의 소통

필자가 기업교육 전문 강사로 18년 동안 활동하면서 보고, 배우고, 겪은 다채로운 사례들을 책 속에 녹여냈으니, 여러분은 삶에 적용하고 써먹어 볼 만하겠다 하는 것들을 모조리 가져가서 여러분의 것으로 만드시기만 하면 됩니다.

부디 이 책의 어느 한 구절이라도 여러분의 삶을 그전보다 조금이라도 더 행복하게 만들어 줄 수 있기를 기원해봅니다.

차례

PART 1
소통 능력 키우기

PART 2
슬기로운 직장생활 : 동료와의 소통

PART 3
매출 팍팍 올리는 사업장 만들기 : 고객과의 소통

PART 4
행복한 우리 집 : 가족들과의 소통

PART 5
소통을 잘하는 사람들의 5가지 특징

PART 6
나 자신과의 소통

PART
1

소통 능력 키우기

라디오와
무전기의 공통점

여러분은 라디오를 사용해본 적이 있으신가요?

어릴 때 '별이 빛나는 밤에'를 들으며 사람들의 사연에 울고 웃고, 좋아하는 노래가 나오면 그렇게 반갑고 행복할 수가 없었던 기억이 납니다.

무전기는 직접 사용해본 적은 없지만 TV나 영화에서 경찰이나, 군인들이 서로 다른 장소에서 소통할 때 사용하는 것을 자주 목격했었지요.

라디오와 무전기. 얼핏 보면 전혀 다른 매체인 것 같지만, 공통점이 상당히 많은 것 같습니다.

자, 그럼 지금부터 저랑 라디오와 무전기의 공통점 찾기를 한번 해볼까요?

제한시간은 1분입니다. 핸드폰에 있는 스톱워치를 작동시키고 1분 동안 생각나는 공통점을 빈 종이에 모조리 적어보도록 하겠습니다.

자, 지금부터 시작!

(똑딱똑딱 1분이 지나갔습니다)

여러분이 가장 먼저 찾은 공통점은 무엇인가요?
혹시, 3글자이다? 아니면 주파수?

제가 소통 강의 중 라디오와 무전기의 공통점 찾기를 해보면, 참여자의 연령대에 따라 반응이 사뭇 다릅니다.

10대들은 "공통점을 찾아볼까요?"라는 말이 떨어지기가 무섭게 [세글자이다, 먹을 수 없다, 만질 수 있다, 플라스틱이다, 버튼이 있다, 액정이 있다, 소리가 난다, 휴대할 수 있다, 배터리가 필요하다, 등등의 다양한 의견을 말하며 순식간에 15개 정도를 찾아냈습니다.

하지만 30~40대 정도의 참여자들에게 똑같이 "라디오와 무전기의 공통점을 한번 찾아볼까요?"라고 말씀드리면 일단은 모두가 약속이라도 한 듯 아무 말 없이 화면을 10초 정도 째려봅니다. 그리고 나서 [주파수가 필요하다, 소통을 할 수 있다, 전쟁 시 사용할 수 있다….] 등등 10대와는 조금 다른 공통점들을 찾아내서 10대들과의 차이점을 전해드리면 한바탕 웃으시곤 하는데요.

혹시 이 글을 읽고 계신 여러분은 어떤 단어가 가장 먼저 떠올랐나요? 무엇이 먼저 떠올랐든 여러분은 정상입니다!

자 다시 본론으로 돌아가, '주파수'는 라디오와 무전기를 사용함에 있어서 참으로 중요한 요소입니다.

라디오는 정해진 주파수(㎐)를 맞추지 않으면 지직거리고 시끄

러운 소음과 잡음이 발생해서 제대로 된 소리를 들을 수 없게 됩니다. 무전기도 마찬가지죠. 정해진 채널에 주파수를 맞추지 않으면 상대방이 하는 말을 제대로 들을 수 없게 되기 때문에 이 두 가지 매체는 주파수가 대단히 중요한 요소임에 틀림이 없습니다.

그렇다면 사람들과 나누는 소통은 어떨까요? 그 사람과 나의 주파수가 잘 맞아야 소통이 잘 되는 것 같다는 생각 해본 적 있으신가요?

다시 말해, 주파수가 안 맞는 사람과 대화하면 굉장히 피곤하고, 고구마 100개 먹은 답답함이 밀려오기도 하고, 때로는 참을 수 없는 스트레스로 목덜미가 뻣뻣해지기도 하는데 여러분도 그런 경험 해본 적 있으시죠?

소통주파수가 계속 안 맞게 되면 상대방과 나 사이에 갈등이 생겨 관계가 악화되기도 합니다.

자, 그럼 여러분 주변에 있는 사람들을 한번 떠올려 보세요. 나와 주파수가 잘 맞는 사람이 더 많으신가요? 주파수가 안 맞는 사람이 더 많으신가요?

혹시 "주파수가 잘 맞는 사람이 많은 것 같아요."라고 대답하셨다면 그분들께는 박수를 보내드리고 싶습니다.

왜냐면 인간관계는 2:7:1의 법칙이 존재한다고 하거든요.

인간관계 2:7:1의 법칙

이 숫자에 대한 해석은 저마다 조금씩 차이가 있는데, 먼저 첫 번째 해석은 내 주변에 10명의 사람이 있다면 그중 2명은 나와 성격이 잘 맞는 사람이고, 7명은 성격이 다른 사람이며, 1명은 정반대의 성향으로 진짜 안 맞는 사람이라는 해석입니다.

또 다른 해석으로는 10명의 사람 중 2명은 나를 싫어하고, 7명은 나에게 관심이 없으며, 나머지 1명만 나를 좋아한다는 겁니다.

해석이야 어찌 됐든 대다수 사람은 나와 맞지 않고, 나에게 관심이 없으며 심지어 이유 없이 나를 싫어하기까지 한다고 하니, 마음이 맞고 대화가 통하는 사람을 만나기란 쉽지 않을뿐더러 그런 사람이 지금 내 곁에 있다면 참 감사하고 소중한 존재라는 겁니다.

제가 아까 주파수가 잘 맞는 사람에게 박수를 보내드린 이유도 바로 그겁니다. 나와 잘 맞지 않고, 나에게 별로 관심이 없는 사람과 주파수가 잘 통한다고 느낀다는 것은 그만큼 그 사람의 이야기에 귀 기울이고 소통하려 노력하고 있다는 거니까 이분들은 박수받아 마땅한 거죠!

내 주변 모든 사람과 잘 지내고 싶은 것은 어쩌면 욕심일 지도 모릅니다. 내 주변 모든 사람에게 사랑받고 싶은 마음도 어쩌면 나만의 바람일지도 모르겠습니다.

하지만 그렇다고 해서 나랑 대화가 통하고 나를 좋아하는 사람 소수와만 소통할 수는 없습니다. 나와 안 맞는 사람이 내 친구 중에도, 회사의 동료 중에도, 심지어 우리 가족 중에도 있을 수 있으니까요. 그런 경우라면 보고 싶지 않아도 얼굴을 봐야 하고, 듣고 싶지 않아도 목소리를 들어야만 합니다.

그렇다면 우리는 어떤 마음의 준비를 해야 할까요?

그냥 모르는 척, 투명 인간 취급하고, 벽을 쌓는 것이 맞을까요? 처음엔 편할지 모르겠으나 시간이 지나면서 점점 더 마음이 불편해지지 않을까요?

자, 그러면 여러분 다음 말을 한번 소리 내서 따라 읽어주세요.

"그럴 수도 있지."

"모를 수도 있지."

"나랑 생각이 다를 수도 있지."

네, 나랑 안 맞는 그 사람과 가장 잘 지내는 현명한 방법은 그 사람과 나의 다름을 인정하는 마음입니다.

"왜 저럴까?"

"왜 저렇게 생각하고, 왜 저렇게 행동할까?"

"나는 그렇지 않은데…."

이런 마음이 들기 시작하면 걷잡을 수 없는 그 사람이 불편해지고 미운 마음이 그 사람과 나 사이에 높고 두터운 보이지 않는 벽을 쌓아 막아 버리게 됩니다.

회사에서 매일 얼굴을 봐야 하는 그 사람, 모임에서 늘 마주해야 하는 그 사람, 심지어 집에서 매일 봐야 하는 그 사람이 만약 그 불편한 사람이라면 괴로움은 우리 몫이 되는 겁니다.

사회생활도 회사생활도 가정생활도 모두 슬기롭게 헤쳐 나가기 위해 우리는 이 책을 집어 들었을 겁니다.

그동안 잘 지내고 싶었는데 마음처럼 잘 안되었던 그 사람과 잘 지내고도 싶고, 또 내가 원하는 목표를 성취해 내기 위해 반드시 해야만 하지만 하기 싫었던 그 일들을 기꺼이 해내기 위해 이 책을 선택했다고 생각합니다. 아주 좋습니다. 탁월한 선택이십니다.

모두에게 사랑받을 수는 없지만, 모두와 소통하기 위해 노력할 수는 있습니다. 사람들과의 소통, 나 자신과의 소통은 우리의 삶이 행복해지는 데 더없이 중요한 필수요소입니다.

자 그럼 지금부터는 어제보다 조금 더 행복한 오늘을 위해, 소통의 달인이 되기 위해 다시 발걸음을 움직여 보겠습니다.

나를 빛나게 하는 셀프리더십

2023 대한민국의
흔한 거실 풍경

아빠는 누워서 휴대폰

엄마는 앉아서 휴대폰

아이는 엎드려 휴대폰

오늘도 우리 집 거실에 앉아있는 가족들은 묵언수행 중입니다.
누구도 대화를 시도하지 않고, 그렇기에 누구도 대화에 참여하
지 않습니다.

가족들은 모두 자연스럽게 고개를 처박고 각자의 스마트폰에 집중하고 있습니다. 언제부터인지 모르겠지만 이것은 너무나 자연스러운 우리 집 거실 풍경이 되었습니다.

자 과연 이런 거실 풍경이 우리 집만의 특별한 모습일까요?

물론, 모든 가족 구성원이 서로의 눈을 바라보며 서로의 이야기에 열심히 귀 기울이며 따뜻하고 건강한 소통을 이어가는 가정들도 있겠죠. 하지만 2023년 현재 거의 대다수의 가정에서는 같은 지붕 아래 함께하면서도 말로 하는 대화가 아닌 메시지로 대화를 나누는 그런 시대가 된 것 같습니다.

IT 강국 대한민국, 스마트폰의 발달과 함께 수많은 편리함과 혜택을 얻었지만 반면에 잃은 것들도 못지않게 많은 것 같습니다.

정이 넘치던 무릎 대화는 사라진 지 오래고 언어의 온도는 엘사 공주 저리기라 할 만큼 점점 차갑게 얼어붙고 있습니다.

'소통을 잘하고 계십니까?'라고 물으면 대부분 '네 문제 없습니다'라고 답합니다.

'어떻게 소통하고 계십니까?'라고 다시 물으면 '인스타그램, 페이스북, 카카오톡으로 하죠'라는 대답이 돌아옵니다.

카페에서 친구들과 만나는 이유는 서로의 일상을 묻고, 고민을 나누며 얼굴을 보고 눈을 맞추며 하는 쌍방향 대화임에도 불구하고, 자리에 앉아있는 모두가 각자의 스마트폰을 들여다보고 원거리에 있는 다른 누군가와 디지털 대화를 하는 진풍경이 벌어지기도 합니다.

제가 어느 기관에서 부모 교육을 진행하면서 "가족들과 하루 평균 대화시간이 어느 정도 되세요? 눈떠서 잠들기 전까지 대화의 총시간을 한번 계산해보세요."라고 말씀드렸더니, 짧게는 10분, 길어도 1시간을 넘지 않았습니다.

대화의 시간도 절대적으로 부족하고, 대화의 질도 떨어지고, 가족 간 소통이 잘 안된다는 응답이 많더라고요.

그렇다면 대화의 시간을 늘리면 소통이 더 잘되는 걸까요?

여러분은 누군가와 100시간 동안 대화하면 그 사람과 나눈 100시간 동안의 모든 대화의 내용에 대해 100% 이해를 할 수 있나요?

어떤 사람과는 단 10분간만 대화를 나눠도 그 사람이 하는 말의 의미를 이해하고 그 사람이 가진 감정을 느낄 수가 있지만, 또 어떤 사람과는 몇 시간 함께 시간을 보내고 대화를 나눠도 대화를 하면 할수록 불편하고, 답답함이 밀려오기도 합니다.

갈등의 서막 :
5가지 대화의 방식

불통의 원인을 찾아라
#일방통행 #진입금지 #아니 #그게_아니고

　제가 18년 동안 강의 현장에서 지켜 본 바, 대화가 통하는 사람과 안 통하는 사람 대화의 방식에는 몇 가지 차이점이 있었습니다.

　그중 가장 큰 차이는 바로 대화의 방식이 다르다는 것이었는데요.

　그럼 지금부터 따뜻한 언어와 차가운 언어의 차이를 알아보고, 따뜻한 언어를 사용하면서 공감 소통할 수 있는 여러 가지 상황 속 꿀팁을 대방출하도록 하겠습니다.

　여러분도 사례를 읽어보시고, 내가 어떤 방식으로 대화하고 있는지 한번 점검해보세요.

5가지 서로 다른 대화의 방식

1. 일단 부정형
2. 묵묵부답형
3. 마이웨이 형
4. 판관 포청천 형
5. 공감 소통형

자 먼저 일단 부정형의 대화입니다.

이 대화 방식을 사용하는 사람들은 상대방의 모든 말에 일단은 부정어를 사용하고 봅니다.

"아니~", "그게 아니고~", "그게 아니라~", "아니지~", "그런 뜻이 아니라~", "그렇다기보다는~" 등등이 있습니다.

일단 **부정형**의 대화를 한번 들어볼까요?

나 : 요즘 체력이 좀 떨어진 것 같아서 아무래도 운동을 시작해야겠어.
부정이 : 아니, 너는 그게 아니라 맨날 먹고 앉아있는 게 문제야.
나 : 그러니까 운동 시작한다고~
부정이 : 아니, 그러니까 내가 전부터 운동 시작하라고 했잖아.

말을 끝까지 들어보면 결국 동의하는 말임에도 일단은 부정형의 말로 시작하기 때문에 상대방은 오해하게 됩니다. 내가 하는 말을 부정하는 거구나, 왜 핀잔을 주는 것 같지, 내 말에 대해 반대 의견을 갖고 있구나.

잘 들어보면 나를 걱정해서 운동하라는 의미이지만, 대화를 나눌수록 기분이 나빠집니다.

두 번째는 **묵묵부답형**의 대화입니다.

나 : 요즘, 체력이 좀 떨어진 것 같아서 아무래도 운동을 시작해야겠어.

묵묵부답이 : …….

나 : 응? 나 운동 시작한다고.

묵묵부답이 : …….

나 : 요가를 할까, 필라테스를 할까?

묵묵부답이 : …….

나 : 뭐야, 내 말 듣고 있는 거야?

묵묵부답이 : 응, 그래. 운동해야지. 너는 근육이 부족해서 유산소부터 해야 해.

자, 이 대화는 어떤가요.

뭔가 답답하고, 성의가 없고, 대화의 맥이 뚝뚝 끊깁니다.

이 대화 방식을 사용하는 사람들은 대화에 귀를 기울이고 있는 것은 맞습니다. 하지만 리액션(반응)이 없다는 특징을 보이는데요, 귀찮아서일 수도 있고, 다른곳에 신경을(예를들면 휴대폰)쓰고 있거나, 리액션하는 방법을 잘 몰라서일 수도 있습니다. 혹은 생각을 정리하는 데 시간이 남들보다 오래 걸려 대답을 준비하고 있는데 상대방으로부터 다음 대화가 다시 시작되는 경우도 있습니다.

이유가 어찌 되었건 묵묵부답형과 대화를 한두 번 나누고 나면 상대방의 무성의한 태도에 실망하고, 대화를 이어 나가고 싶은 마음이 사라지게 됩니다.

세 번째 대화유형은 **마이웨이형**입니다.

나 : 요즘, 체력이 좀 떨어진 것 같아서 아무래도 운동을 시작해야겠어.
마이웨이 : 야, 너는 아무것도 아니야, 나는 요즘 팔, 다리, 어깨, 무릎 안 아픈 데가 없다.
나 : 그래? 그럼 너도 운동 시작해야겠네. 같이 시작할까?
마이웨이 : 아니~내가 원래 달리기가 100m 15초는 나왔거든? 근데 엊그제 뛰어보니 25초가 나오는 거야~ 아 진짜 늙어서 그런가?
나 : 그래, 나이가 들면 신체기능도 떨어지니 그럴 수 있지. 그러면 어떤 운동이 좋을까?
마이웨이 : 달리기가 문제가 아니야. 요즘은 계단 한 층만 올라가도 숨이 차서 죽겠다니까?
나 : 그래! 그러니까 운동 시작하자고!

마이웨이 유형의 대화법은 상당히 이기적입니다. 상대방의 말에는 전혀 호응하지 않고 본인이 하고 싶은 말들만 늘어놓는 느낌입니다. 게다가 상대방의 말을 전혀 귀에 담지 않는 것처럼 보입니다. 생각보다 우리 주변에 마이웨이 형이 많다는 건 함정입니다.

네 번째 유형은 **판관 포청천형**인데요.

여러분 중 혹시 판관 포청천을 설명 없이 알아들었다면, 여러분은 X세대 이상일 가능성이 큽니다. 판관 포청천이 누군지 모를 MZ세대를 위해 잠깐 설명해 드리자면 1993년 소설 『칠협오의』를 소재로 한 대만 드라마가 국내에 방영되었는데요, 송나라 인종 때의 판관인 포청천의 공명정대한 판결을 중심으로 여러 사건을 해결해나가는 과정을 그린 드라마입니다. 다시 말해 판관 포청천은 판결해주는 사람입니다.

자, 그럼 지금부터 판관 포청천형의 대화를 한번 살펴볼까요?

> 나 : 요즘 체력이 좀 떨어진 것 같아서 아무래도 운동을 시작해야겠어.
>
> **청천이** : 너 요즘 잠은 몇 시간 정도 자?
>
> 나 : 음… 평소랑 비슷한데? 한 7~8시간?
>
> **청천이** : 몸무게는 변화하고 있어?
>
> 나 : 몸무게? 글쎄 좀 찐 것도 같고.
>
> **청천이** : 화장실은 잘 가?
>
> 나 : 응, 원래 이틀에 한 번 정도 가. 비슷해.
>
> **청천이** : 너 아무래도 간 쪽에 문제가 있는 것 같은데? 빨리 큰 병원 가봐!
>
> 나 : 엥? 웬 간? 나 술도 잘 안 마시는데 무슨 간에 문제가 있어.
>
> **청천이** : 아니야, 술을 마시는 사람만 간이 나빠지는 게 아니래~ 너 딱 보니까 간에 문제 있네! 당장 병원부터 가봐!

포청천 유형은 어떤 대화든 자신이 판단을 내리고 자신의 의견을 따르도록 강요하는 경향이 있습니다. 때로는 자신이 아는 지식을 바탕으로 상대방 행동의 옳고 그름을 판단하기도 하죠~

이런 유형의 대화 방식을 자칫 잘못 사용하면 상대방에게 불쾌감을 줄 수 있고, 갈등이 생기기도 합니다.

마지막 다섯 번째 유형은 **공감 소통형**의 대화입니다.
바로 상황 속으로 들어가 볼까요?

나 : 요즘 체력이 좀 떨어진 것 같아서 아무래도 운동을 시작해야겠어.
공감이 : 아 진짜? 요즘 많이 피곤한가 보다.
나 : 응, 일도 많고 잠도 제대로 못 자고 하니 체력이 계속 떨어지는 것 같아.
공감이 : 그래, 잠 못 자면 더 피곤하지.
나 : 맞아. 어제도 엄청 피곤한데 잠이 안 와서 뒤척이다가 새벽에 잠들었잖아.
공감이 : 그랬구나 많이 피곤하겠다.
나 : 응 그래서 운동 시작해서 체력을 좀 길러야겠어.
공감이 : 응 운동 좋지. 어떤 운동 시작하려고?
나 : 그러니까, 무슨 운동 하면 좋을까? (신남)
공감이 : 너 지난번에 요가는 해본 적 있다고 했지? (기억하고 있음)
나 : 응. 나 그때 요가 시작하고 며칠 되지 않아 그만뒀잖아.
공감이 : 그래 네가 말했던 것 같다. 다 되는 동작 너만 안돼서 좌절했었다고.
나 : 맞아 기억하고 있구나? 나만 안되니까 요가는 재미가 없더라고.
공감이 : 응 잘 안되면 재미가 없지. 그럼 어떤 운동 하고 싶은데?
나 : 그래서 이번에는 헬스를 등록해볼까 하고.
공감이 : 헬스 좋지! 집 근처에 헬스장 있어?

나 : 응 있지. 그럼 헬스장에 전화 한번 해봐야겠다.

자, 이 대화는 어떤가요?

공감이는 계속 호응어를 중간중간 사용하면서, 나의 말을 반복하고 있습니다.

나는 그 덕분에 즐겁게 대화를 이어 나갈 수 있습니다.

이 대화는 옳고 그름에 관한 판단도 없고, 충고도 없습니다.

그저 상대방의 말에 호응하고 끄덕이고, 긍정어를 사용하는 좋은 파트너만 있을 뿐입니다.

주변을 한번 살펴볼까요. 내 주변에는 어떤 방식으로 대화하는 사람이 많으신가요? 부정형? 묵묵부답형? 마이웨이형? 판관 포청천형? 설마 이 4가지를 골고루 사용하는 사람이 많으신 건 아니겠죠?

주변을 살펴보기 전에 우리 자신의 대화 방식도 한번 점검해 볼 필요가 있습니다.

언어에는 온도가 있습니다.

물론 체온을 재는 것처럼 온도계로 정확히 언어의 온도를 측정할 수는 없지만, 여러분도 느껴보셨죠? 누군가와 대화할 때면 어찌나 쌀쌀맞고 무뚝뚝한지 찬바람이 쌩 부는 것처럼 온도가 차갑게 느껴지고, 또 다른 누군가와는 잠시 잠깐 대화를 나눠도 뭔가 가슴이 따뜻해지면서 몽글몽글해지는 그런 사람이 있다는 것을요.

상대방과 공감을 잘하는 사람은 기본적으로 언어의 온도가 따뜻합니다. 여러분의 언어의 온도는 어떤 것 같나요? 따뜻한 편인가요? 아니면 얼음장처럼 차가운 편이신가요?

어쩌면 "그때그때 달라요."라고 대답하시는 분들이 계실지도 모르겠습니다.

언어의 온도를 높이는
5가지 불씨

그간 강의 현장에서 만나 뵈었던 많은 분들 중, 고액 연봉, 고속 승진, 건강한 인간관계, 행복한 가정생활 등을 두루 이루신, 소위 잘되는 사람들의 특징을 종합해보니, 그분들은 모두 대화할 때 상대방을 편안하게 해준다는 공통점을 가지고 있었습니다. 즉, 그 사람들의 언어의 온도는 늘 따뜻했습니다.

아무리 직급이나 직책이 높아도 권위적인 모습보다는 자신을 낮추고 상대방을 존중하고 인정해주는 겸양의 미덕을 보여주시고, 상대방의 말에 늘 관심을 기울이고, 상대방이 했던 말을 기억함과 동시에 그 기억을 바탕으로 질문을 던지는 공감 화법을 사용하는 분들이 많았습니다.

강의를 마치고 티타임을 할 때 나눈 대화를 한번 예로 들어보겠습니다.

A 기업 차장님 : 아까 강의하실 때 보니, 공감이 가는 사례들로 참여자

들과 즐겁게 소통을 하시더라구요.

박 강사 : 그렇게 봐주셔서 감사합니다. 차장님. 아무래도 업무 현장에서 일어나는 일들이 거의 비슷하다 보니 자연스럽게 공감해주신 것 같아요.

A기업 차장님 : 아이고, 생생한 사례들이 직원들의 마음에 와닿아서 그런 거지요. 강사님 아까 강의하신 지 18년 되셨다고 하셨죠(기억)? 연차가 대단하십니다. 그동안 강의 현장에서 에피소드도 진짜 많으셨겠어요. 기억나시는 에피소드 있으세요? (질문)

박 강사 : 아, 기억나는 에피소드요. 엄청 많죠! 그중에 하나를 꼽자면, B 회사 신입사원 교육에서 만난 분이 1년 후에 교육담당자가 되셔서 전체 임직원 직급별 강의 의뢰를 주시더라구요. 신입사원 때와는 사뭇 다른 베테랑의 목소리로 의뢰를 주셔서 반갑기도 하고 긴장되기도 했던 기억이 납니다

A기업 차장님 : 와! 그 친구가 신입사원 교육 때 강사님 강의를 인상 깊게 들었었나 봅니다(인정). 그럴 때는 참 보람이 느껴지시겠어요.

박 강사 : 네, 많이 감사하죠. 다시 찾아주신다는 건 믿고 맡겨주신다는 건데, 그래서 강의 하나하나 참 귀하고 소중한 것 같습니다"

A기업 차장님 : 그동안 현장에서 쌓인 노하우를 아낌없이 풀어주셔서 오늘 우리 직원들에게도 도움이 많이 된 것 같습니다.

박 강사 : 잘 들어주시고 적극적으로 호응해주셔서 제가 더 감사합니다. 준비한 내용들이 도움이 되셨다고 하니 다행입니다.

자, 여러분, 이 대화는 차가운가요. 따뜻한가요?

네, 굉장히 따뜻합니다. 여러분도 그렇게 느끼셨죠? 배려하고 존중하며 따뜻한 언어로 대화를 이어 나가니 강의를 마치고 돌아

오는 길 굉장히 기분이 좋았던 기억이 납니다.

대화를 나누었던 차장님뿐만 아니라, 그 기업 자체의 이미지가 굉장히 좋게 인식이 되었죠. 이렇듯, 한 사람의 대화 방식이 그 기업의 이미지까지도 좌우할 수 있습니다.

우리는 타인과 나누는 대화의 방식으로 인해 나 자신의 가치를 높일 수도, 떨어뜨릴 수도 있습니다. 나의 가치를 높이기 위해서는 언어의 온도를 높여야 합니다.

대화할 때 언어의 온도를 높이는 5가지 꿀팁을 다시 한번 정리해보겠습니다.

"아, 그럴 수 있겠네요."

"그 부분을 그렇게 해석하셨군요."

"네, 그렇게 생각할 수도 있죠."

"아, 그렇게 이해하실 수도 있겠네요."

"지난번에 커피보다는 차 종류를 더 좋아한다고 하셨죠?"

"지난달부터 중국어 학원에 다니기 시작했다고 하셨죠?"

"이 부분에 대해 저는 이렇게 생각하는데 선생님은 어떻게 생각하세요?"

"우와 그렇게 꾸준히 하는 것이 쉽지 않은데, 정말 대단하십니다."

"꼼꼼하게 체크해주신 덕분에 실수 없이 마무리 됐습니다. 감사합니다."

1. 존중

2. 관심

3. 기억

4. 질문

5. 인정

　여러분도 대화를 할 때 이 5가지 요소를 잘 버무려 사용하고 있는지 한번 체크해 보세요.
　잘되는 회사, 잘되는 사람은 다 이유가 있는 것 같습니다.
　'한마디 말로 천 냥 빚을 갚는다'는 옛말이 틀림이 없습니다.

PART 2

슬기로운 직장생활 : 동료와의 소통

요즘 다양한 매체에서 MZ세대에 대한 말들이 많습니다. 여러분
은 MZ세대 하면 어떤 단어가 가장 먼저 떠오르시나요? 제가 만난
많은 사람들은 MZ세대 하면 플렉스, 당당함, 자기중심, 워라밸
등의 단어가 떠오른다고 답하셨습니다.

MZ세대의 특징을 사실적으로 묘사하는 어느 TV 프로그램을
본 기성세대들은 "어쩜 저렇게 우리랑 다를까?", "우리 회사 MZ들
도 그래." 하면서 고개를 절레절레 흔들기도 하시는데요.

작년에 이어 올해도 요청하신 강의 주제의 절반 이상이 MZ세
대와 소통하는 법을 알려달라는 내용이었습니다.

강의를 의뢰하시는 주제만 봐도 최근 기업과 기관의 분위기를
알 수가 있는데, MZ세대와 보이지 않는 벽을 허물고자 하는 기성
세대의 노력이 많이 느껴지는 대목입니다.

자 그렇다면, 이 글을 읽고 계신 여러분은 어떤 세대이십니까?

다음 표는 『트렌드코리아 2022』에서 제공한 우리나라 세대 구분표인데요.

명칭	기성세대		X세대		MZ세대		알파세대
세대 구분	산업화 세대	베이비 부머 세대	Old X세대	Young X세대	Y세대 (밀레니얼세대)	Z세대	알파세대
출생 연도	1952년 이전	1955 ~1964년	1965 ~1969년	1970~ 1979년	1980 ~1996년	1997 ~2009년	2010년 이후
2023년 현재 나이	69세 이상	59~68세	54~58세	44~53세	29~43세	14~28세	13세 이하
별칭	새마을 세대	주춧돌 세대 보헤 미안 세대	서태지 세대 올림픽 세대	엑스틴, 삐삐 세대, 핸드폰 세대	무한도 전세대 월드컵 세대	스트리밍 세대 유튜브 세대	틱톡 세대

출처: 트렌드코리아 2022, 저자 재구성

위 표를 보시면 출생 연도에 따라 세대를 구분하고 있는데요, 세대별로 하나씩 살펴보도록 하겠습니다.

세대간 벽 허물기 :
세대별 가치 키워드

무에서 유를 창조한 기성세대

　기성세대는 산업화 이전과 이후 베이비붐 세대로 구분하는데요, 6.25 한국전쟁을 겪은 후 빠르게 경제성장을 이뤄낸 세대로, 사회적 배경 때문인지 절약 정신이 투철하고, 가족부양을 중요하게 생각합니다.

　무에서 유를 창조해 내며 경쟁에서 승리하기 위해 열심히 사는 것이 인생에서 중요한 가치였습니다. 남들과 경쟁해서 더 좋은 대학에 입학하고, 좋은 회사에 입사하고, 승진하는 것이 무엇보다 중요한 삶의 목표였습니다. 사회 전반의 발전을 이끌어 온 세대라서 열심히 노력하면 뭐든지 해낼 수 있었고, 이룰 수 있다는 자신감도 있었습니다.

　그렇기에 이들이 강조했던 말이 **'안되는 게 어딨어, 하면 된다. 해보기나 했어?'** 등입니다.

　당시에는 열심히 참고 견디면 이루어지는 것들이 많았기에 요즘 친구들이 1년도 안 돼서 직장을 그만두거나 힘들어서 못 하겠다는 소리를 할 때 "요즘 애들은 참을성이 없어! 쯧쯧쯧" 하며 안타까워하시죠.

새마을 운동을 펼치며 '아껴야 잘산다.'라는 신념으로 급여의 90%를 저축하며 가족들을 위한 내 집 마련에 힘썼고, 직장은 생계를 책임지는 소중한 곳으로 밥값을 다하기 위해 밤낮없이 일하고 회사 일이라면 가족들의 생일쯤은 가볍게 무시하는 워커홀릭으로 일생을 열심히 일했습니다.

가족부양을 위해 이렇게 열심히 일만 하다 보니 가족과 대화할 시간도 함께 할 시간도 여의찮아 퇴직 후 가족 구성원들과 소통하는 것을 서먹해 하시고, 어려워하는 분들이 많다고 합니다.

1980년대 대학 생활을 하면서 민주화 투쟁에 앞장서기도 했고, 이러한 영향으로 자연스레 정치에도 관심이 지대한 것이 특징입니다. 마지막 주산 세대이며 컴맹 1세대이기도 합니다.

그리고 이들 중에 황혼 육아를 하고 계신 분들이 많습니다. 이들의 자식 세대 대다수가 M세대인데요, 그들이 활발한 경제활동을 할 수 있도록 베이비붐세대가 많은 헌신과 노력을 하고 있는 실정입니다. 58년 개띠들이 속한 세대여서 오팔세대라고도 하구요, 최근 소비시장의 큰손으로 불리고 있다고 합니다. 한참 인기를 누리고 있는 트로트 가수의 베이비붐세대 팬들은 고가의 각종 선물들을 가수와 스태프에게 통 크게 선사하기도 한다고 하죠.

개성파 X세대

X세대는 올드 X세대와 영 X세대로 구분할 수 있습니다.

고도의 경제성장으로 풍요로움을 경험하기 시작한 세대로 경제적 풍요속에서 주위의 눈치를 보지 않고 자기 자신에게 집중하며 자신의 개성을 중요시 여기고 자신 있게 각자의 개성을 드러내기 시작한 세대이기도 한데요. 이때 오렌지족, 야타족이라는 말이 등장하기도 했습니다. X세대라는 용어도 당시 이 세대를 한마디로 정의하기 어렵다고 하여 X세대로 명명되었다고 합니다.

X세대는 디지털 1세대로서 휴대전화, 인터넷의 성장과 함께 자란 세대이고, 수능을 처음으로 경험하기도 했습니다. 또한, 어학연수나 배낭여행 같은 해외여행을 처음으로 경험하며 세계에 눈을 뜬 첫 번째 세대이기도 합니다.

워크맨으로 음악을 들으며 대중문화의 꽃을 피운 세대이기도 한데요. 서태지와 아이들이 올드 X세대의 대표 아이콘이라 할 수 있고, K-콘텐츠의 창작자들이 대부분 이 X세대에 속합니다.

당시의 개성과 자유분방함이 지금의 한류의 씨앗을 만들어냈다고 해도 과언이 아닐 것 같습니다.

40대, 예전에는 중년으로 통했지만, 지금의 X세대는 역사상 가장 젊은 40대라고 불립니다. 단순히 외모나 신체적인 젊음을 유지하는 것이 아니라 정신적으로 젊다는 점이 가장 큰 특징인데요. 일각에서는 "판을 움직이는 건 X세대이다."라고 할 정도로 MZ세대 못지않게 트렌디한 라이프스타일과 구매 성향을 보인다고 합니다.

이는 생애주기상 경제력과 소비력이 가장 왕성한 연령대이기도 하고, 사실상 90년대생의 라이프스타일의 시작점에 있는 세대이기 때문이라 볼 수 있습니다.

정서적으로는 윗세대보다는 후배 세대에 가깝다고 생각하시면 될 것 같습니다.

PC통신부터 모바일까지 디지털 산업이 급변하는 시기를 정통으로 겪은 세대인 만큼 변화에도 잘 적응하고, 특히 문화 분야에서 특출한 재능을 보인 세대이기도 합니다.

지금은 익숙한 대중문화의 거의 모든 원형이 X세대가 청년이던 1990년대에 만들어졌기 때문에 드라마, 영화, 예능, 음악 등 각종 문화 콘텐츠를 비롯해 새로운 아이디어가 필요한 새로운 비즈니스 분야에서도 X세대가 두각을 나타내고 있다고 합니다.

워라밸이 중요한 M세대

다음은 M세대(밀레니얼세대) 이야기입니다.

이들은 베이비붐세대의 자식 세대입니다. 밀레니엄(2000년)에 대학을 들어가서 밀레니얼세대, X세대 다음 세대라서 Y세대라고 부르기도 합니다.

대학 진학률이 높고 SNS를 통해 자기표현 욕구가 강한 세대입니다. 워라밸을 굉장히 중요시하고 일상의 대부분을 인스타그램 해시태그로 남기는 경향이 있습니다.

M세대의 가장 큰 특징은 삐삐, 시티폰, 폴더폰, 2G부터 5G까지 아날로그와 디지털을 모두 경험한 과도기 세대라는 점입니다.

컴퓨터 보급이 확산하던 때에 청소년기를 겪으면서 미니홈피, 카페, 블로그 등의 플랫폼 안에서 온라인 소통을 시작했고, 온라인 기반의 게임들을 피시방에서 즐기기도 했습니다. 인터넷과 스마트폰이 급속하게 성장하던 시기였기 때문에 이들은 아날로그와 디지털이 혼재된 환경에서 자랐습니다.

긍정적으로는 X와 Z세대의 특성을 모두 가지고 있어 폭넓고 다원적이라는 점이 있습니다. 반면 세대만의 특징이 두드러지지 않는 낀 세대라는 특징도 보이고 있습니다.

M세대 중에는 투잡러나 N잡러가 많은데요. 본업 이외에 대리운전이나, 쿠팡 플렉스와 같은 아르바이트 개념의 배달 대행, 작가, 유튜버 등 다양한 분야에 관심을 두고 도전하는 경향을 보입니다.

현재 M세대는 전 세계 가장 강력한 소비층으로 떠오르고 있는데요, 본격적 경제활동 세대이기도 하고, 플렉스 소비, 가심비 소비를 하기 때문에 이들의 지갑을 열기 위해 각 기업들은 열심히 맞춤 마케팅을 펼치고 있습니다.

M세대는 평소에는 계획적으로 돈을 쓰고, 할인 혜택을 잘 챙기며, 중고품 거래나 앱테크 등을 통해 알뜰하게 돈을 아끼고 모웁니다. 그런 다음 호캉스, 파인 다이닝, 명품 등과 같은 과감한 소비를 즐깁니다.

이렇게 가격 대비 성능을 따지는 가성비 소비보다 가격 대비 심리적 만족감에 초점을 두는 가심비 소비를 하는 것이 M세대의 특징이기도 합니다.

자유로운 영혼 Z세대

자, 마지막으로 살펴볼 세대는 바로 Z세대입니다.

Z세대는 X세대의 자식 세대입니다. 유튜브와 함께 자란 세대로 유튜브 세대라고 불리기도 합니다.

2019년 매경이코노미가 오픈서베이에 의뢰해 '주로 이용하는 SNS가 무엇이냐(복수 응답 허용)'는 질문에 Z세대가 주로 이용하는 매체는 유튜브가 79%, 인스타그램 60%, 페이스북 57%, 트위터 20%로 답하기도 했습니다. 이들은 TV나 PC보다 스마트폰을 선호하기 때문에 실시간과 본방 사수에 집착하지 않습니다. 유튜브나 OTT 서비스 등으로 자신의 취향에 맞는 콘텐츠를 선택해 소비를 하고, 글보다는 이미지와 동영상을 선호합니다.

모든 궁금증을 유튜브에서 해소한다고 해도 과언이 아닐 정도로 문서 대신 동영상으로 지식 대부분을 습득한다고 합니다.

IT 기기와 기술에 능숙하고, 자유분방함을 기반으로 한 개인주의적 성향이 강합니다. 일상의 모든 것을 촬영하고 틱톡이나 SNS에 게시하면서 자신의 개성을 드러내기도 합니다.

또, 부모인 X세대가 금융위기로 어려워하는 것을 보고 자라 불투명한 미래에 대한 걱정으로 안정성과 실용성을 추구하는 현재 지향적인 성향을 보입니다.

Z세대는 계획보다는 편의에 집중하는 편입니다. 소비에서도 빠르고 간편한 것을 중요하게 생각해서 간단히 충전해 사용하는 선불카드나 모바일결제를 선호하고, 그때그때 원하는 것을 즉흥적으로 소비하는 경향이 있습니다. 더불어 Z세대는 돈을 모으는 파이프라인을 매우 다양하게 활용하는데요. 주식, 코인, SNS, 재능

공유 등 여러 방면으로 파이프라인을 넓히는 것에 거리낌이 없습니다.

회식은 점심때 비싼 것으로 먹는 것이 좋다는 말을 거리낌 없이 표현하기도 하는데요. 그만큼 퇴근 후의 저녁이 있는 삶을 중요하게 여긴다는 의미이기도 합니다.

세대별 가치관과 특징들을 살펴보았는데요, 지금부터는 기성세대들이 궁금해하는 MZ세대의 소비, 놀이문화 키워드들을 살펴보도록 하겠습니다.

MZ세대 소비문화 키워드 :
나를 위한 음식, 휴식, 제품, 취미

MZ세대의 도드라진 소비키워드는 바로 미코노미인데요.

미코노미는 ME(나) + ECONOMY(경제)를 뜻하는 단어의 합성어로, 자신을 위한 소비에 돈을 아끼지 않는 소비 트렌드를 말합니다.

1인 가구가 증가하고, 자신의 신념이나 가치관에 따라 소비하며, 당당하게 삶을 주도하는 MZ세대의 라이프 트렌드를 반영한 신조어입니다.

미코노미를 통해 스스로에게 선물을 주는 '셀프 기프팅(Self-Gifting)'이 점점 늘어나는 추세라고 합니다.

셀프 기프팅은 자신에게 선물을 주는 것을 말합니다. 일반적으로는 선물을 받는 것이 기쁨을 준다는 것을 알고 있지만, 자신에게 선물을 주는 것은 어색하게 느껴지기도 합니다. 그러나 셀프 기프팅은 자신의 가치를 인정하고, 자신을 위한 행복한 삶을 추구하기 위해 중요한 방법 중 하나입니다.

스스로에게 보상하는 소비, 셀프 기프팅에는 어떤 것들이 있을까요?

1. 나를 위한 '음식'

MZ세대의 라이프 트랜드가 가장 도드라지는 것이 바로 음식인데요. 음식에 많은 돈을 투자하기 어려워했던 과거와는 다르게, 요즘은 오마카세, 1인 테이블 등 고급 식자재에 대한 선호도가 높아졌습니다. 좋은 음식으로 높은 만족감을 얻고 싶어 하는 사람이 점점 늘고 있는 거죠. 단순한 사치가 아닌 퀄리티 높은 음식을 먹고 스스로를 행복하게 하는 것이 중요하다고 생각하는 MZ세대의 가치관이 잘 보이는 사례입니다.

2. 나를 위한 '휴식'

MZ세대에게는 하루를 쉬더라도 좋은 호텔에서 호캉스를 즐기고 인증샷을 남겨 SNS에 공유하는 것이 자연스러운 일상입니다. 다양한 SNS 플랫폼을 통해 자신의 일상과 취향을 공유함과 동시에 타인의 경험도 접할 수 있습니다.

또한 최적의 선택에 대한 팁을 다수에게 공유하여 소비자들 사이에 이 SNS가 새로운 놀이문화로 자리 잡고 있습니다.

나를 빛나게 하는 셀프리더십

3. 나를 위한 '제품'

MZ세대 사이에서는 개성을 어필하는 커스터마이징이 열풍인데요. 남들과 다른 나만의 상품을 만들면서 가치지향적 소비를 하고 자기 표현에 대한 니즈를 충족시키는 현상이 돋보입니다. 한정품과는 다르게 물건의 용도적 측면에서의 만족뿐 아니라 타인과의 차별화 되고 싶어 하는 니즈도 충족시킬 수 있습니다. 트랜드에 맞춰 요즘은 어른이(이하 키덜트)를 위한 커스터마이징 제품이 많이 출시되고 있다고 합니다.

4. 나를 위한 '취미'

필라테스나 요가, 발레, 골프, 클라이밍 등 소수의 고급스러운 취미로만 여겨졌던 스포츠 활동이 이제는 많은 사람들에게 대중화되고 있는데요. 개인의 발전과 건강을 중요시 생각하는 MZ세대가 자신을 위한 투자를 아낌없이 하기 때문이라고 합니다.

셀프 기프팅은 자신에게 물질적인 선물을 주는 것뿐만 아니라, 시간이나 경험을 선물하는 것도 포함됩니다. 이러한 활동은 자신의 삶을 더욱 풍요롭고 행복하게 만들어 준다고 생각합니다.

셀프 기프팅으로 스트레스를 해소하고, 자신을 충전하기 위한 좋은 방법이라 여깁니다. 자신에게 선물을 주는 행위를 자신을 사랑하고 존중하는 것으로 여기고, 자신에게 주어진 삶을 더욱 소중하게 생각하게 만들어준다고 여깁니다. MZ세대가 자신에게 선물을 주는 셀프기프팅은 단순히 물질적인 만족감을 느끼는 것보다 더욱 깊은 의미를 지닌다고 할 수 있습니다.

MZ세대 놀이문화 키워드 :
인생네컷, 뉴트로, 혼코노, 틱톡, 밈, 팬덤문화

소비문화에 이어 MZ세대의 놀이문화도 함께 살펴보도록 하겠습니다.

놀이문화 키워드는 총 6가지인데요.
인생네컷, 뉴트로, 혼코노, 틱톡, 밈, 팬덤문화입니다.

인생네컷

1990년대 말 2000년대 초 친구를 만나면 어김없이 찍곤 했던 추억의 스티커 사진, 여러분도 알고 계신가요?
저는 고등학교 때 친구들과 찍은 스티커사진을 붙이며 열심히 다이어리를 꾸몄던 기억이 납니다.
그런데, 개성있는 소품과 귀여운 필터로 많은 이들에게 즐거움을 선사했던 그 문화가 어느 날 사라졌는데요~ 그 이유는 바로 핸드폰 카메라가 등장했기 때문입니다.

나를 빛나게 하는 셀프리더십

언제 어디서나 찍고 싶을 때 촬영해서 보고 싶을 때 내 손안에서 볼 수 있으니 자연스레 스티커사진은 우리 곁에서 사라지는 듯했습니다. 그런데 최근 다시 SNS에 그동안 잊고 지냈던 스티커사진이 '인생네컷'이라는 이름으로 다시 등장하기 시작했습니다. 단순히 개인의 추억이나 기록을 뛰어넘어서 MZ세대만의 자기 표현 방식이자 놀이문화로 새롭게 자리잡고 있는건데요.

디지털과 아날로그가 결합된, 뉴트로 현상인 것 같습니다.

여러분도 인생네컷 찍어본 적 있으신가요?

저는 이 인생네컷을 보면서 '역시 유행은 돌고 도는구나'라는 생각을 했답니다.

뉴트로

이렇게 최근 옛것에 관심을 보이는 MZ세대들이 만들어 낸 신조어 중 뉴트로도 빼놓을 수 없는데요. 뉴트로는 'New'와 'Retro'의 합성어로, 1980년대와 1990년대를 연상시키는 레트로 디자인을 현대적으로 재해석한 스타일을 말합니다. 다시 말해, 새로움과 복고를 합친 신조어입니다.

과거의 상품이나 유행을 그대로 옮겨오는 것이 아니라 현대에 맞게 새로이 해석해서 재창조된 상태를 말하구요, 과거의 미학적 요소를 현대적인 감각과 조합하여 새로운 미적 경험을 제공하는 것이 특징입니다. 이는 기존 복고풍(레트로)과는 차별성을 부여해

줍니다.

뉴트로는 1980년대와 1990년대의 패션, 뮤직, 영화, 게임 등의 문화 요소를 새로운 감각으로 재해석한 것인데요. 과거의 레트로 디자인을 사용하면서도, 디자인을 현대적으로 업그레이드하고, 고전적인 미학과 현대적인 감각을 조화시켜서 표현합니다. 또한, 과거를 회상하면서도 현재를 살아가는 뉴트로는 감성적이면서도 실용적인 면을 갖춘 문화 요소로서 많은 사람들에게 사랑받고 있습니다.

과거 사건을 경험하지 못했거나 과거의 제품에 대한 사용경험이 없는 젊은 층에게 복고풍 선호현상은 단순히 과거에 대한 향수가 아니라 '역사적 과거나 부모세대에 대한 이해', '과거 사건에 대한 신기한 경험', '타인과 차별화되고자 하는 욕구'라고 해석하기도 합니다.

MZ세대들은 독특한 개성을 표현하고자 하면서도 동시에 자신의 취향과 유사한 사람들과 정보공유를 하고 유대감을 형성하려는 경향이 있는데요,

즉 차별성은 갖되 동시에 타인과 유사하게 지각될 수 있는 균형점을 갖고자 하는 것으로 이해할 수 있을 것 같습니다.

뉴트로는 대한민국을 비롯한 아시아에서 인기 있는 문화적 스타일 중 하나입니다.

젊은 소비자들에게 뉴트로 제품 소비는, 미래에 대한 불안감과 부담감 대신, 검증된 과거를 통해서 안정감을 찾으면서 전혀 알지 못했던 것이 주는 즐거움을 경험할 수 있는 수단으로 작용하는 것 같습니다.

혼코노

여러분 혼코노가 무슨 뜻인지 아시나요?

혼코노는 '혼자서 코인 노래방'을 즐기는 것을 말합니다. 일반적으로 노래방은 친구나 가족과 함께 가서 즐기는 문화적 활동입니다. 그러나 혼자코인 노래방은 혼자서 노래방을 즐기는 새로운 문화로 자리 잡았습니다.

혼자 코인 노래방에 가서 노래를 부르면서 스트레스를 해소하고, 노래를 즐길 수 있는 MZ세대의 놀이문화입니다. 혼자서 부르기 때문에 부담 없이 좋아하는 노래를 마음껏 부를 수 있어서 매우 인기가 있습니다.

한국갤럽마켓 조사에 따르면 10대와 20대의 1년 내 주요 여가 활동 경험 중에 코인 노래방의 이용 경험률이 높은 것으로 나타났습니다.

지난 10년간 꾸준히 인기를 얻으며 성장하고 있는 코인노래방은 무인화, 싱글족, 언택트, 버스킹 문화 등이 반영되면서 발전한 MZ세대의 대표적인 놀이터로 꼽히는데요.

최근에는 혼자 코인 노래방을 위한 전용 시설도 많이 생겨났고, 노래방에서 제공하는 음식과 음료 등을 혼자서 즐길 수 있는 편의 시설도 갖추어져 있습니다. 또한, 일부 코인 노래방에서는 인터넷을 통해 다른 사람들과 노래 대결을 하는 이벤트를 진행하기도 합니다.

틱톡

이 글을 읽고 계신 여러분도 업로드는 해보지 않았더라도 한 번쯤 접해보거나 들어본 적은 있으실 겁니다.

틱톡(TikTok)은 중국의 IT 기업인 바이트댄스(ByteDance)가 개발한 숏 비디오 플랫폼(Short Video Form)입니다. 사용자들은 자신이 찍은 짧은 동영상을 업로드하고, 음악과 효과를 추가하여 재미있는 콘텐츠를 만들어 공유할 수 있습니다. 특히, 댄스와 노래 등의 음악과 함께 춤을 춘 영상이 인기를 얻으며, 다양한 챌린지가 진행되고 있는데요.

틱톡은 국내외에서 큰 인기를 끌고 있으며, 특히 전 세계적으로 청소년들을 중심으로 매우 높은 이용률을 보입니다. 또한, 기존의 SNS와 달리 콘텐츠 생산이 간단하고 쉬워 사용자들이 자유롭게 콘텐츠를 만들어 내며, 이에 따라 다양한 새로운 콘텐츠를 발굴하고 전 세계적인 트렌드를 선도하는 등의 역할을 하고 있습니다.

MZ세대의 관심사를 넘어 일상으로 자리 잡은 숏폼 콘텐츠의 대표 플랫폼입니다.

숏폼은 사용자가 촬영한 5분이 안 되는 짧은 영상에 자막이나 이모티콘, 음향효과 등을 넣은 방식으로 소통하는 플랫폼인데요. MZ세대는 유튜브와 넷플릭스처럼 단순히 보는 콘텐츠를 넘어 영상을 통해 공감하고 소통하는 숏폼 플랫폼에 열광하고 있습니다.

밈(Meme)

'밈'은 '자기 복제와 모방을 통해 하나의 문화를 형성하고 전파해 나가는 문화적 유전자의 개념'을 설명하기 위해 40여 년 전 출판된 리처드 도킨스의 책『이기적 유전자』에서 처음 언급이 된 단어입니다.

최근 2, 3년 전부터 인터넷과 SNS에서 '패러디물'을 뜻하는 용어로 대체되어 사용되고 있습니다.

이러한 밈은 인터넷상에서 널리 공유되며, 짧은 시간 내에 대규모로 확산되기도 하는데요.

밈은 특히 SNS에서 많이 사용되는데, 이를 통해 사용자들은 다른 사람들과 유쾌한 대화를 나누거나 다른 사람들의 관심을 끌 수 있습니다.

틱톡코리아의 총괄은 어느 인터뷰에서 '콘텐츠의 밈'화를 언급하기도 했는데요 틱톡에서 '콘텐츠'가 만들어질 때 '재미'라는 요소가 붙게 되어 이곳저곳에 전파되기 시작하면 그것이 바로 '밈'이 된다고 말했습니다.

오징어 게임에 나왔던 오일남 할아버지의 "우리 이러다 다 죽어~"는 수많은 밈을 탄생시켰죠.

예전부터 지금까지 수많은 가공을 통해 많이 쓰이고 있는 위장약 게비스콘의 광고에 나온 가슴을 쓸어내리는 장면도 유명한 밈입니다. 불편한 상황과 편안한 상황을 대비해서 보여줄 때 아주 제격입니다.

여기에 야인시대에 출연한 배우 김영철의 대사 '사딸라', 영화

〈타짜〉에 나온 곽철용의 명대사 '묻고 떠블로 가!', 가수 비가 오래전 발매한 음원 '깡'의 뮤비를 하루 1번은 봐야 한다를 의미하는 '1일 1깡', 드라마 〈부부의 세계〉 속 박해준의 '사빠죄아!(사랑에 빠진 게 죄는 아니잖아)', 김해준이라는 개그맨이 카페 사장 최준이라는 부캐로 등장해 '철이 없었죠~ 샹송이 좋아서 파리에 갔다는 사실 자체가'라는 말을 유행시키고 '준며들었다'라는 신조어도 만들어지는 등 밈의 사례는 다양합니다.

밈은 때로는 편견이나 차별적인 요소를 담고 있는 경우도 있어, 주의가 필요합니다. 이를 통해 다른 사람들을 상처입힐 수도 있으며, 건전한 인터넷 문화를 유지하기 위해서는 적절한 사용과 업로드 전 꼼꼼한 자체 점검이 필요합니다.

밈과, 틱톡은 어떤 상관관계가 있을까요? 틱톡에서는 이러한 '밈'을 자체 콘텐츠인 '해시태그 챌린지'로 탈바꿈해서 지코 '아무노래 챌린지', '제로 투 챌린지', '바밤바 챌린지' 등과 같이 유저들 사이에서 생산되고 배포되는 하나의 트랜드를 생산하고 있습니다.

특히 Z세대는 1분 이상의 영상에 지루함을 느껴 15초 이내의 숏폼에 열광하고, 사진보다 영상 촬영, 그 영상을 어디라도 공유하기를 선호하고 SNS나 검색엔진을 적극적으로 활용하고 신뢰한다는 특징을 보입니다.

이런 Z세대의 마음을 사로잡기 위해 각 기업이나 마케팅 현장에서 '밈'을 만들어 전파하는 것도 달라진 현상이라고 할 수 있을 것 같습니다.

자발적으로 콘텐츠나 제품을 홍보할 수 있도록 제작해서 널리 퍼트리는 것을 '바이럴마케팅(Viral Marketing)'이라고 하는데요. 지코의 아무노래 챌린지가 연예인 바이럴마케팅의 대표적인 성공케이스로 볼 수 있을 것 같습니다.

바이럴마케팅은 제품이나 서비스를 홍보하기 위해 인터넷을 통해 계속해서 증식하고 확산되는 현상을 이용하는 마케팅 전략입니다. 이는 주로 인터넷상에서 활발한 커뮤니티, 소셜 미디어, 유튜브 등을 통해 진행됩니다.

바이럴마케팅의 핵심은 '바이럴 효과(Viral Effect)'입니다. 이는 마치 바이러스처럼, 한 사람이 제품이나 서비스를 체험하고 그것을 다른 사람에게 전파하면, 전파된 사람들이 또다시 그것을 전파하게 되면서, 계속해서 확산되는 것을 말합니다.

바이럴마케팅은 일반적인 마케팅 방식과 달리, 제품이나 서비스를 홍보하는 것이 아니라, 제품이나 서비스를 체험해보고, 그것을 다른 사람들과 공유하게 만드는 것에 초점을 둡니다. 이를 통해 브랜드 인지도를 높이고, 제품이나 서비스에 대한 긍정적인 평가와 함께 판매 증진 효과를 가져오는 것이 목적입니다.

팬덤 문화(덕질)

덕질이란 어떤 분야를 열정적으로 좋아해서 그와 관련된 것들을 모으거나, 파고드는 일을 말합니다.

팬덤문화(Fandom Culture)는 특정 아이돌, 스포츠, 예술 등에 대한 열정과 애정을 공유하는 팬들의 커뮤니티를 말합니다. 이러한 팬덤문화는 지난 몇 년간 급격하게 성장하며, SNS와 인터넷 기술의 발전에 따라 많은 인기를 얻고 있습니다.

팬덤문화는 인터넷에서 특히 더 강력한 역할을 하며, 팬들은 다양한 SNS와 웹사이트를 통해 정보를 교류하고, 의견을 공유하며, 콘텐츠를 공유하고 생산합니다.

가치를 중시하는 MZ세대를 중심으로 이런 덕질, 팬덤문화가 확산하고 있습니다.

기성세대가 좋아하는 가수를 응원하기 위해서 인터넷 카페에 가입하던 시절과는 달리 MZ세대는 위버스(Weverse)나 리슨(lysn) 등의 새로운 '팬 플랫폼'을 통해서 좋아하는 연예인을 응원하고 있는데요.

좋아하는 대상에 대한 지지자일 뿐만 아니라 관련 물건을 구매해서 SNS에 사진과 후기를 작성하는 등 홍보활동을 자발적으로 수행하기도 합니다. 소유를 넘어 경험을 중시하는 MZ세대들에게 이러한 활동은 놀이이자 자신의 정체성을 드러내는 표현입니다. 좋아하는 아티스트의 생일을 기념해서 팬들이 직접 이벤트를 준비하고 그 영상을 담아 덕질 브이로그를 제작해 올리기도 하고, 포토 카드 인증샷, 탑 로더 꾸미기, 커피차 보내기 등 다양한 활동을 통해 새로운 팬덤문화를 만들고 있습니다.

기업들은 강력한 지지층인 팬덤을 형성하기 위해서 다양한 마케팅 방법을 활용하고 있는데요, 그중에 굿즈마케팅은 MZ세대의 개성과 희소성에 대한 욕구를 자극하기에 제격입니다.

과거의 굿즈는 기업의 로고를 담은 판촉물이나 콘서트나 스포츠 경기 등의 기념품들이 대다수였는데요. 아이돌 산업의 붐과 더불어 굿즈는 연예인을 지지하는 수단에서 나아가 MZ세대의 호기심을 자극하는 희귀템으로 이미지 변신에 성공했습니다.

굿즈마케팅을 통해서 국내의 팬덤을 형성한 선두 주자는 바로 스타벅스인데요.

시즌별로 텀블러나, 코스터, 유리컵 굿즈를 출시할 뿐만 아니라 매년 프리퀀시를 적립한 소비자를 대상으로 다이어리나 제품 증정 이벤트를 열고 있습니다.

사람들이 한정판 굿즈를 받기 위해 출시 전날 밤이나 새벽부터 스타벅스 매장 앞에서 자처해서 줄을 서고, 음료 300잔을 구매하고 17개의 한정판 서머레디백을 받은 유명한 일화도 있습니다. 이는 자신이 원하는 것을 위해 시간과 돈을 아끼지 않는 MZ세대의 심리를 보여주는 사례이기도 한데요. 이처럼 한정판 굿즈는 개성과 희소성을 중시하는 MZ세대의 욕구를 자극해 팬덤을 형성하는 데 일조하게 되는 것입니다.

과거에는 팬레터와 함께 종이학을 접거나 손 편지를 쓰고, 좋아하는 아이돌의 복장 혹은 헤어스타일을 일상생활에서 구현하는 행동 등으로 자신의 팬심을 드러냈다면, 현재 팬덤문화는 SNS 문화의 발달로 연예인과 팬이 소통할 수 있는 장이 열리고 응원하는 연예인을 접할 기회가 많아짐에 따라 고가의 사진기를 통해 좋아하는 연예인의 사진을 직접 촬영하고 나아가 포토 북이나 캘린더 등 굿즈의 판매로도 자연스럽게 이어지기도 합니다.

회비를 모아 도시락으로 밥차를 준비한다거나, 가수와 스태프들에게 통 큰 조공을 하기도 하고 새 앨범 발매일에 맞춰 음원 차트 상위권에 들 수 있도록 스트리밍에 적극 동참하기도 합니다. 스타의 이름으로 기부하거나 구호 물품을 전달하는 등 사회공헌 활동까지 확대되고 있는데요. 이러한 스타의 이름을 딴 기부는 연예인들의 긍정적인 이미지는 물론 팬덤문화에도 긍정적인 영향을 끼치고 있는 것 같습니다. 하지만, 때로는 너무 과도한 열정으로 인해, 해당 연예인의 개인 SNS를 해킹한다거나, 집을 알아내 스토킹한다거나 하는 문제가 발생한 경우도 발생하고 있어서, 적절한 규제와 방향성 제시가 필요할 것 같습니다.

MZ세대와의
소통전략

이렇게 소비, 놀이의 측면에서 기성세대와는 다른 다양성을 추구하는 MZ세대와는 어떻게 소통하면 좋을까요?

디지털 채널을 활용해보세요

MZ세대는 디지털 채널을 통해 소통하는 것을 선호합니다. 따라서, SNS나 메신저를 통해 MZ세대와 소통할 수 있는 채널을 만들어 주시면 좋습니다. 예를 들어, 인스타그램, 페이스북, 트위터 등을 통해 MZ세대와 소통하는 것도 방법입니다.

짧고, 간결한 커뮤니케이션

MZ세대는 정보를 빠르게 습득하고, 짧은 시간 내에 이해하기를 선호합니다. 따라서, 짧고 간결한 메시지나 콘텐츠를 제공하는 것이 좋습니다. 그들과 소통할 때는 참여를 유도하는 것이 좋습니다. 예를 들어, 설문조사, 투표, 댓글, 공유 등을 통해 MZ세대의 참여를 유도하는 것이 좋습니다.

돌려말하지 말고 명확하게 표현

어느 회사 신입사원분이 자신의 경험담을 들려주셨는데요.

자유 복장으로 출근하는 회사라 말 그대로 편안한 캐주얼 복장으로 출근을 하셨나 봐요. 그러던 어느 날 선임 상사가 "○○씨 오늘 어디 소풍가나봐?" 하시더랍니다. 그래서 "아니오, 오늘 소풍 안 가는데요." 하고 넘어갔대요. 그런데 일주일쯤 지난 어느 날 또 그 선임 상사가 "○○씨 오늘 어디 놀러가나봐?" 하시더래요. 그래서 "아니오, 저 마치고 운동갑니다."했대요. 좀 이상해서 곰곰이 생각해보니 자신이 후드티를 입고 온 날 저 말을 했다는 겁니다.

그 뒤로는 가급적 회사에 갈 때 후드티를 입지 않게 되었다고 하는데요, 차라리 돌려 말하지 말고 명확하게 표현해주셨으면 바로 복장을 단정히 했을 거라고 아쉬워하더라구요.

이 사례에서도 알 수 있듯, MZ세대는 돌려 말하기보다는 명확하게 표현해주는 것을 더 원하고 있습니다. 여러분이 혹시 MZ세대에게 개선되었으면 하는 부분이 있으시다면 정확하게 어떤 부분이 개선되었으면 좋겠고, 어떤 방법이 있는지도 함께 알려주시면 더 좋을 것 같습니다.

자, 그럼 여기서 잠깐, 제가 퀴즈 하나 내보겠습니다.
아래 설명을 듣고 어떤 세대를 가리키는 말인지 맞혀주세요.

'회식은 점심 때' 자기 시간 뺏기면 질색.
출세보다 도전·성취 등 내적가치 중시.
'나 홀로가 좋다' 자기 중심주의.

자, 이 설명은 어떤 세대를 가리키는 말일까요?

정답은, MZ세대가 아닙니다.

이 설명은 1993년 5월 2일 동아일보 기사에 실린 20대들의 특징을 다룬 기사의 내용 중 일부입니다.

93년도에 20대였으니 지금 이분들의 나이는 50대 정도가 되었겠네요. 지금 기성세대로 분류되는 분들이 그 당시 20대 때 지금 MZ세대들의 특징을 그대로 보이고 있는거죠.
이뿐만이 아닙니다. BC 1700년 수메르시대 이집트 벽화(점토판

문자)에는 '요즘 젊은이들은 너무 버릇이 없다.'라고 쓰여 있었고, 울진의 한 동굴에 신라 화랑이 써놓은 낙서에도 '요즘 젊은 애들은 싸가지가 없다.'라고 적혀 있었다고 하니, 기성세대의 눈에 젊은 세대는 언제나 나와는 다른 사람들이었던 것입니다.

아마도 MZ세대가 나중에 알파세대를 바라볼 때도 이와 비슷한 시선과 생각을 하지 않을까요?

우리는 그동안 특정 세대를 특정한 명칭으로 구분지어 우리가 만든 카테고리 안에 집어넣고 규정지어 획일화된 시선으로 바라보고 있지는 않았는지 되짚어 보아야 합니다.

몇 년도에 태어나 어떤 세대에 속하든 세대를 구분하는 이름으로 그 사람들을 바라볼 것이 아니라, 개개인의 성향이 어떤지 살펴보고 그에 맞게 소통하려는 노력이 훨씬 더 중요하고 필요한 태도인 것 같습니다.

열린 마음으로 나와 다른 사람들에 대한 이해의 폭을 키우고 직장 내에서 동료들과 즐거운 소통을 이어가기 위해서는 다음과 같은 소통의 노력이 필요할 것 같습니다.

다름을 인정하기

우리는 보통 나와 다르게 생각하는 사람들에 대해 다름이 아닌 틀림으로 인식하고 상대방을 인정하지 않으려는 경향을 보입니다. 각자의 세대는 서로 자라온 환경이 다르고, 가치관이 다르고,

경험이 다르기에, 세대별 생각이나 사고는 당연히 다를 수밖에 없습니다.

서로의 다름을 인정해야 합니다.
다름을 인정해야 하는 이유는 여러 가지가 있습니다.

상호 존중	다름을 인정하는 것은 상호 존중의 기본입니다. 모든 사람은 서로 다른 생각, 경험, 가치관 등을 가지고 있으며, 이러한 다름을 인정하고 존중하는 것이 필수적입니다.
창의성과 혁신	다름을 인정하고 받아들이는 것은 창의성과 혁신을 이끌어 내는 중요한 요소입니다. 다양한 관점과 아이디어가 섞여 새로운 것을 창조하고 발전시키는 데 큰 도움이 됩니다.
자아 성찰과 성장	다름을 인정하고 받아들이는 것은 자아 성찰과 성장에도 도움이 됩니다. 다른 사람과의 충돌과 이해의 부재로 인해 자신의 가치관이나 생각을 돌아보고 조정할 수 있으며, 이를 통해 더 나은 사람으로 성장할 수 있습니다.
대화의 원활성	다름을 인정하고 이해하는 것은 대화의 원활성을 높이는 데 도움이 됩니다. 서로 다른 의견을 가지고 있을 때, 서로를 이해하고 받아들이는 태도가 있으면 대화를 이어 나가는데 더욱 쉬워지고 유익한 대화가 가능해집니다.

따라서, 다름을 인정하는 것은 상호 존중, 창의성과 혁신, 자아 성찰과 성장, 대화의 원활성 등 다양한 이유로 중요합니다.

만약 타인과 내가 생각이 일치하거나 가치관이 비슷하다면 그것은 당연한 것이 아니라 감사한 일이죠.

서로의 다름을 인정하고 받아들이려는 마음이 있다면 소통의 길은 열리게 되어있습니다.

새로운 세대와의 소통은 언제나 기성세대의 숙제인 것 같습니다. 여러 기업과 기관이 젊은 세대와 소통하는 방법을 연구하고, 젊은 세대에 관한 책들이 쏟아져 나오는 것도 모두 이들과 소통하기 위한 노력의 일환일 것 같습니다.

MZ세대는 기성세대와 완전히 다른 존재가 아닙니다. 다만 MZ세대와 기성세대는 자라온 환경이 다르고 그 안에서 느끼는 감정이 다른 것입니다. 서로의 다름을 틀림으로 인식하지 않고 MZ세대의 다양성을 수용하고 존중한다면 기성세대와 MZ세대는 얼마든지 친구가 될 수 있습니다.

꼰대 vs 역 꼰대
(젊꼰대)

꼰대라는 말은 네이버 어학사전에 따르면 은어로 '늙은이'를 이르는 말로서, 학생들에게는 '선생님'을 이르는 말로 정의되어 있고, 자기 연령대 또는 자신의 행동이나 가치관에 기초하여, 권위의식을 내세우며 자기보다 나이가 어린 사람을 계도, 훈계, 강요하는 사람을 의미하곤 한다고 풀이되어 있습니다.

TV프로그램에 나온 한 강연자가 꼰대의 특징을 정리하면서 '꼰대의 육하원칙'이라는 것이 있다고 소개했는데요.

Who : 내가 누군줄 알아?

What : 니가 뭘 안다고?

Where : 어딜 감히!

When : 나 때는 말이야!

How : 어떻게 나한테?

Why : 내가 그걸 왜?

이 밖에도 꼰대들이 자주 쓰는 용어들로
"너 그렇게 살면 사회생활 못한다.", "어디서 어른한테!", "부모
님이 그렇게 가르쳤니?" 등이 있다고 합니다.

엠브레인 트렌드모니터에서 전국 만 19~59세 직장인 남녀
1,000명(중복응답)을 대상으로 조사한 '꼰대' 하면 떠오르는 이미지
를 조사한 결과, 고집이 세고(68.2%), 말이 안 통하며(65.5%), 권위
적(63.4%)이다. 라는 응답을 했습니다.

이 글을 읽고 계신 여러분은 어떠신가요? 꼰대인가요? 아닌가
요?

그럼, 지금부터 꼰대인지 아닌지 확인할 수 있는 '꼰대 자가 진단 테스트'를 진행해 보도록 하겠습니다.

해당하는 문항은 손가락을 접어주세요.

[꼰대 자가 진단 테스트]

1. 처음 만나면 일단 나이나 학번을 묻고, 나보다 어리면 반말을 한다.
2. 회사에서의 점심시간도 공적인 시간이다.
3. 후배가 불평하면 "그래도 옛날보단 많이 좋아졌다."라고 말한다.
4. 후배의 사생활도 인생 선배로서 조언하거나 답을 줄 수 있다고 생각한다.
5. 후배 옷차림, 인사 예절 지적할 수 있다.
6. 신조어를 사용하는 것이 귀에 거슬린다.
7. 나보다 늦게 출근/일찍 퇴근하는 후배가 거슬린다.
8. 개인 약속으로 인한 회식 불참은 이해할 수 없다.
9. 자리에서 분위기 띄우는 일은 젊은애들이 해야 한다고 생각한다.
10. "솔직하게 말해보라"라고 했지만, 너무 솔직하면 기분이 상한다.

자, 손가락이 몇 개나 접혔는지 볼까요? 그럼 접힌 손가락 개수에 따른 꼰대 진단을 내려드리겠습니다.

0~1개는 성숙한 어른입니다

후배들이 존경하는 워너비 선배인 거죠.

2~3개 잠재적 꼰대 (새싹 꼰대)

자신이 꼰대가 아닌가 고민하는 당신! 너무 걱정하지 말아요. 아직은 괜찮습니다.

4~5개 꼰대 경계경보 (꼰대 과도기)

점점 꼰대의 길로 향하고 있는 당신! 꼰대가 되지 않도록 항상 경계가 필요합니다.

6개 이상 자숙 기간이 필요합니다

이미 뼛속까지 꼰대인 당신! 주변 사람들에게 고통을 주고 있을지도 모릅니다. 존경받는 참 어른이 되기 위해 자신을 돌아보세요!

자, 그럼 이 세상에 꼰대만 존재하느냐, 아닙니다. 최근 늘고 있다는 역 꼰대(젊꼰대)에 대한 이야기를 해보겠습니다.

역 꼰대란, 선배나 상사의 정당하거나 필요한 조언을 꼰대로 치부하며 선입견을 가지고 소통을 차단하거나 무시하는 젊은 꼰대를 말합니다.

사람인에서 성인남녀 3,578명을 대상으로 설문조사를 실시했는데요 '주변에 역 꼰대가 있느냐'는 질문에 40%가 그렇다고 답을 했습니다.

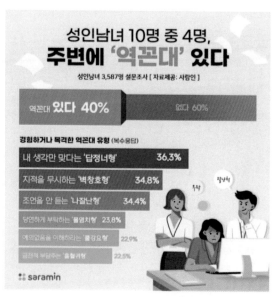

이미지출처: 클립아트코리아

경험하거나 목격한 역 꼰대의 유형(복수 응답)으로는 내 생각만 맞다는 '답정너형'(36.3%)이 1위로 꼽혔고, 지적을 무시하는 '벽창호형'(34.8%), 조언을 듣지 않는 '나잘난형'(34.4%) 순이었습니다. 당연하게 부탁하는 '몰염치형'(23.8%)과 예의 없음을 이해하라는 '쿨강요형'(22.9%)도 눈에 띄었습니다.

이쯤에서 우리는 꼰대와 역 꼰대가 공통점이 많다는 것을 알 수가 있습니다. 꼰대도 역 꼰대도 모두 다른 사람의 의견을 무시하고, 자기 생각만을 고집하는 불통의 아이콘들이라는 것입니다. 나이, 직급, 세대를 떠나서 우리 모두가 꼰대나 역 꼰대가 될 수 있습니다.

80대 할아버지께서 강의를 제 강의를 들으시면서 무언가를 열심히 적는 모습을 발견했습니다. 가까이 다가가서 보니, 강의 내용 중에 있던 신조어를 열심히 받아적고 계셨습니다. 제가 물었죠.

"어르신, 뭘 이렇게 열심히 적으세요?"

"응, 이거 나중에 우리 손주랑 통화할 때 써먹으려고. 우리 손주가 나 신세대 할아버지라고 하겠지?"

하시며 허허허 웃으셨습니다.

다만, 기성세대가 젊은세대의 마인드나 가치관에 관심을 두는 만큼, 젊은세대도 기성세대의 생각과 가치관에 관심을 두고 존중과 수용의 태도를 가져야 합니다.

상대방의 생각을 존중하고 수용하는 마음, 나와 다름을 인정하는 태도가 그 어느 때보다 필요한 시대인 것 같습니다.

사랑받는 프로 일잘러의
업무 커뮤니케이션

직장생활, 쉽지 않죠. 주어지는 업무들 처리해내기도 힘든데, 그 와중에 구성원들과 인간관계도 잘 유지해야 하고, 갑작스럽게 생겨나는 다양한 상황들을 하나하나 해결해나가는 과정 속에서 오는 멘탈붕괴, 정신적 신체적 피로감, 샘솟는 퇴사욕구 등등! 네, 여러분 마음 다 압니다.

이 글을 읽고 계신 분들 중 직장인이 계시다면 이 챕터를 통해 사랑받는 프로일잘러로 거듭나시기를 기원합니다.

지금부터는 직장에서 사랑받는 프로일잘러로 거듭나기 위해 상사와 부하직원 각자가 어떤 노력을 해야 하는지 하나씩 알아보겠습니다.

취업포털 인크루트에서는 '상사가 부하직원에게 바라는 점(복수응답)'에 대한 설문조사를 실시했는데요. 2위에서 7위를 먼저 살펴보겠습니다.

2위 기본적인 예의를 갖춰 행동했으면 (38.9%)

3위 업무처리 및 보고가 신속했으면 (34.1%)

4위 실적, 결과물을 내는 방향으로 업무를 처리했으면 (24.2%)

5위 지각, 결근 등 근태관리부터 철저히 했으면 (23.2%)

6위 업무와 관련하여 자기 계발에 힘썼으면 (18.0%)

7위 새로운 아이템이나 아이디어를 자주 얘기했으면 (14.2%)

상사가 부하직원에게 바라는 점 1위는 무엇이었을까요?

1위는 바로 '시키는 일만 하지 말고 주도적으로 일했으면(47.4%)'이었습니다.

수동적인 태도를 지양하고, 적극적인 태도로 업무에 임하기를 바라는 마음으로 해석할 수 있을 것 같습니다.

그러면 반대로 '부하직원이 직장 상사에게 바라는 점(복수 응답)'은 어떤 것들이 있을까요?

2위 부하직원들을 잘 챙겨주고 격려해줬으면 (47.4%)

3위 독단적으로 업무처리 하지 말고 의견을 경청했으면 (36.0%)

4위 업무지시보다 본인 업무부터 제대로 해냈으면 (28.4%)

5위 야근을 강요하지 않았으면 (17.1%)

6위 업무 외에 사적인 사무를 시키지 않았으면 (12.8%)

7위 잦은 회식이나 음주에 부르지 않았으면 (9.5%)

그럼 부하직원이 상사에게 바라는 점 1위는 무엇일까요?

1위는 '**업무지시가 명확했으면 (52.1%)**'이었습니다.

각각의 1위를 살펴보면 상사와 부하직원이 전혀 다른 생각을 하고 있다는 것을 알 수 있습니다.

상사는 부하직원이 알아서 일했으면 좋겠고, 부하직원은 상사가 명확하게 지시해주기를 바라고 있다는 지점에서 '아, 상사와 부하직원은 서로 전혀 다른 생각을 하고 있구나. 그래서 서로의 생각을 들어봐야 하는 거구나'라는 것을 느낄 수 있습니다.

이 조사 결과를 기반으로 정리해보면, 상사는 부하직원에게 업무지시를 할 때 '즉흥적으로 지시하지 않도록 주의'하고, 업무지시는 '명확하게' 해야 합니다.

해당 업무를 누가 수행해야 하는지, 어떤 결과물을 도출해야 하는지, 업무를 해야 하는 이유는 무엇인지, 언제까지 해야 하고, 중간보고는 언제쯤 해야 하는지도 상세히 알려주시는 것이 좋습니다. 여기에 더해 업무 시 활용할 수 있는 자원과 정보도 함께 알려주시면 업무능률이 쑥쑥 오를 것 같습니다. 마지막으로 가장 중요한 것은 업무지시 후 부하직원이 질문할 수 있는 분위기를 조성하는 것입니다.

평소 쌍방향의 커뮤니케이션을 추구했다면 이 부분은 그리 어렵지 않게 해낼 수 있을 겁니다.

다음은 '사랑받는 일잘러 부하직원의 효과적인 업무보고 스킬'

인데요.

상사로부터 업무지시를 받은 후 이해가 안 갈 때는 반드시 질문하고 진행해주세요.

업무의 방향성이 맞는지 수시로 확인하고, 업무가 얼마만큼 진행되고 있는지 수시로 과정을 공유하는 것도 중요합니다. 이해가 안 가는 부분이나 어려움이 있는 부분은 반드시 질문을 하거나 도움을 요청해야 하는데, 이때, 무작정 "모르겠어요", "못하겠어요"가 아니라 그 부분을 해결하기 위해 어떤 노력을 했는지 함께 보고하고 도움을 요청하는 것이 상사로부터 건강한 피드백을 받을 수 있는 지름길입니다.

직장 내 의사소통의 중요성

직장 내에서의 의사소통은 매우 중요한 역할을 합니다. 효과적인 의사소통은 직원 간의 협력과 조직의 성과를 높일 수 있습니다.

업무 효율성 향상	의사소통은 직원 간의 업무 흐름을 원활하게 하여 업무 효율성을 높입니다. 각 부서나 팀이 서로 의견을 나누고 정보를 공유하면 업무가 빠르고 정확하게 처리될 수 있습니다.
조직문화 강화	좋은 의사소통은 직원들 사이에 신뢰와 존중을 심어주며, 조직의 문화를 강화합니다. 이는 직원들 간의 갈등을 방지하고, 일의 자율성과 창의성을 높여 조직의 역량을 향상시킵니다.

문제 해결과 협력 강화	직원들이 서로 의견을 나누면서 문제점을 해결할 때, 조직 내에서 협력이 강화됩니다. 이는 서로의 역량을 파악하고, 팀원 간의 역할 분담이 명확해져서 효과적인 문제 해결을 가능케 합니다.

따라서, 회사 내에서의 효과적인 의사소통은 조직의 성과를 높이고 직원들의 업무 만족도를 높일 수 있습니다. 그렇다면 프로 일잘러가 되기 위한 업무 커뮤니케이션 전략을 지금부터 함께 살펴보겠습니다.

프로 일잘러의 업무 커뮤니케이션 전략

① 명확한 의사소통

프로 일잘러가 되기 위해서는 자신의 업무와 관련된 정보를 명확하고 정확하게 전달할 수 있어야 합니다. 이를 위해 업무나 소통에 필요한 내용을 충분히 파악하고, 직무에 필요한 문서나 자료를 철저히 조사·분석하는 태도가 필요합니다. 이러한 과정을 통해 자신이 아는 것과 모르는 것을 구분할 수 있어야 하고, 그것을 명확하게 전달할 수 있어야 합니다.

나쁜 상사 : 이번 기획서는 김 대리가 한번 작성해봐.

김 대리 : (갑자기? 제가 왜요? 다른 일도 많은데 왜 하필 저한테…)

이렇듯 이유도 맥락도 없이 갑자기 던져지는 일들은 부하직원을 굉장히 힘들게 만듭니다. 일을 하고자 하는 동기부여도 전혀 안 되고 그저 일을 떠맡게 되었다는 느낌밖에 안 드는데요.

이럴 때 명확한 지시를 해보면 어떨까요.

좋은 상사 : 이번 기획서는 김 대리가 작성해보는 거 어떨까? 지난번 김 대리가 맡았던 ○○이랑 비슷한 건이기도 하고, 그때 자료조사 해서 작성한 거 보니까 김 대리가 엄청 꼼꼼하게 데이터 분석을 잘했더라고. 그때 했던 방식으로 진행하면 될 것 같고, 혹시 더 필요한 자료는 내가 메일로 보내줄게. 이번 프로젝트가 우리 회사 상반기 매출에 핵심이라서 무엇보다 경험 있고 능력 있는 사람이 진행하는 것이 좋을 것 같아.

김 대리 : 네. 제가 해보겠습니다. 믿고 맡겨주셔서 고맙습니다.

김 대리는 일을 맡게 된 것은 똑같이 부담이지만 업무의 맥락과 본인이 그 업무를 진행하게 된 배경과 이유에 대해 전달받았기 때문에 일을 하고자 하는 동기부여가 되고, 자연스럽게 업무효율도 생길 것입니다.

② 적극적인 대화

프로 일잘러가 되기 위해서는 상사나 동료, 부하직원과 대화할 때, 적극적으로 의견을 제시하고 대화를 이끌어 내는 능력이 필요합니다. 또한, 대화를 듣고 이해하는 능력도 필요합니다. 상사나 동료의 의견을 잘 듣고 이해하면, 자신의 의견을 더욱 설득력 있게 전달할 수 있습니다.

"뭐라구요?", "잘 못들었어요", "뭐라고 하셨죠?", "네?"와 같은 말을 상대방에게 자주 한다거나, 상대방으로부터 "듣고 있어요?", "이해했나요?", "무슨 말인지 아세요?"라는 말을 자주 듣고 있다면 당신은 제대로 된 경청을 하지 못하고 있다는 뜻입니다.

그리고 "아닌 것 같은데요", "잘못 알고 계시네요", "그거 아닌데요"가 아니라, 상대방에게 반대 의견을 제시할 때는 이렇게 표현해보는 것은 어떨까요?

"아까 하신 말씀 중에 ○○ 부분에 대해 저도 동의합니다. 그리고 내용 중 ○○ 부분은 제가 조사한 자료를 확인해 봤을 때 이렇게 해석하는 것이 맞을 것 같습니다."

정중함을 잃지 않고, 상대방의 의견도 존중하면서 나의 의견을 정확하게 표현하는 세련된 방식입니다.

③ 피드백 제공

프로 일잘러가 되기 위해서는 업무 수행 결과물에 대한 피드백을 상사나 동료에게 제공하는 것이 중요합니다. 이를 통해 자신의 업무 능력을 평가받고, 필요한 부분을 개선할 수 있습니다.

"부장님 지난번 지시하신 건, 여기까지 진행했는데 한번 봐주시겠어
요?"

"과장님 지난번 말씀하신 건, 이렇게 해봤는데 맞을까요?"

"대리님 아까 설명해주신 내용, 이렇게 정리해봤는데 맞을까요?"

"김 주임, 지난주 올린 보고서는 지금 최종확정만 남겨두고 있어. 곧 결
정될 거야."

"박 대리, 이번 주에 바이어랑 회의할 때, ○○ 자료 챙기는 거 잊지 않
았지? 어제 메일이 왔더라고. 변동 없이 이번 주에 진행한다고. 잘 준비
해서 진행해 봅시다."

부하직원은 상사에게 자신이 맡은 업무가 어떻게 어느 정도 진
행되고 있는지 수시로 보고하고, 상사는 부하직원에게 해당 프로
젝트가 어떻게 진행되고 있는지 공유해준다면 업무 공백을 최소
화 할 수 있습니다.

④ 적극적인 자세와 문제 해결 능력

프로 일잘러가 되기 위해서는 업무에서 발생하는 문제를 적극
적으로 해결하려는 태도와 의지가 필요합니다. 업무에 대한 열정
과 책임감을 가지고, 자신의 역할을 충실히 수행하는 것이 중요합
니다. 이를 위해 상황을 분석하고, 문제 해결을 위한 대안을 제시
할 수 있어야 합니다.

"과장님, 아까 회의 시간에 말씀하신 내용 이렇게 한번 정리해봤는데, 더 필요한 부분 말씀해주시면 보충하겠습니다."
"대리님, 오늘 들어온 컴플레인 내용 중에 이런 내용이 있었는데요, 그 부분을 해결하기 위해서 제가 비슷한 사례를 찾아봤거든요. 한번 봐주시겠어요?"

"김 대리, 표가 아주 깔끔해서 눈에 잘 들어오네. 역시 김 대리가 미적 감각이 있어."
"박 주임, 비슷한 사례를 잘 찾았네. 그 기업에서는 ○○ 방식으로 처리했거든. 우리도 벤치마킹해서 회사 내부 사정에 맞게 해결책을 준비해보자고."

부하직원이 적극적으로 문제를 해결하려는 태도를 보인다면 상사는 지지해주고 격려해주며, 미처 발견하지 못한 자원이나 정보를 제공해줄 수 있어야 합니다. 더불어 부하직원은 상사의 문제해결 과정을 보고 배우며 자신의 업무에 적용해 볼 수 있어야 합니다.

⑤ 타인과의 협력

프로 일잘러가 되기 위해서는 타인과의 협력이 필요합니다. 업무를 수행하는 데 있어서 서로의 역할과 책임을 이해하고, 팀원들과의 협력을 통해 효과적인 업무 수행이 가능해집니다. '혼자 가면 빨리 가지만, 같이 가면 멀리 간다'는 말이 있습니다. 협력과 협조를 통해 함께 노력하면 더 큰 성과를 이룰 수 있다는 의미를 담고 있는데요.

"내가 뭐 도와줄 일 없어?"
"하다가 힘들면 언제든지 이야기해."
"내가 이 부분 자료 한번 찾아볼게, 같이 하자."

회사 내 동료들과 서로 돕고 지지해주며 함께 노력하면 더 큰 성과를 이룰 수 있습니다. 그러기 위해서는 평소에 동료들과의 유대관계를 잘 유지해야 합니다. 필요할 때만 찾는 사람이 아니라 내가 먼저 도움을 주고, 내가 먼저 솔선수범해서 행동을 보여준다면 진짜 내가 도움을 필요로 할 때 기꺼이 나서서 동료들이 함께 힘을 보태줄 것입니다.

업무 시 이렇게 서로가 함께 노력한다면 조직의 성과는 높아지고 업무 만족도도 높아지면서 자연스럽게 즐거운 직장생활이 되는 건 시간문제겠죠?

매출 팍팍 올리는 사업장 만들기 :
고객과의 소통

고객과의 소통이
필요한 이유

직장에서 동료들 간의 소통뿐만 아니라 고객과의 소통 역시 기업이나 조직에 있어서 매우 중요한 요소입니다.

고객 만족도 향상

고객과의 소통을 통해 고객의 요구와 니즈를 파악하고, 이를 충족시켜주는 제품이나 서비스를 제공할 수 있습니다. 이를 통해 고객 만족도도 자연스럽게 향상시킬 수 있습니다. 고객이 남긴 댓글이나 게시판의 글, 불편을 표현하는 말들을 흘려들으면 안 됩니다. 그 말 하나하나에 고객을 만족시킬 수 있는 해법이 들어있습니다.

제품 개발 및 서비스 개선

고객과의 소통은 제품 개발 및 서비스 개선에 매우 중요한 역할을 합니다. 고객의 의견과 피드백을 수집하고 분석하여 제품과 서비스를 개선할 수 있습니다.

브랜드 이미지 강화

고객과의 소통을 통해 브랜드 이미지를 강화할 수 있습니다. 고객과의 소통을 통해 기업이나 조직의 브랜드 이미지가 좋아지면, 고객들은 더욱 신뢰할 수 있는 기업이나 조직으로 인식할 수 있습니다.

쿠팡의 경우 로켓배송을 실시하고 나서부터 '오늘 주문하면 내일 도착하는 가장 빠른 배송서비스' 기업으로 이미지가 굳혀졌습니다. 그러한 이미지 덕분에 성격 급한 한국 사람들은 '급한 물건은 무조건 쿠팡에서'라는 인식이 강해졌습니다. 저 역시 빠르게 받아봐야 하는 물건들은 무조건 쿠팡에서 주문을 하고 있는데요. 한번도 배송이 늦어진 적이 없기 때문에 그러한 신뢰감이 생긴 것 같습니다.

잠재고객 발굴

고객과의 소통을 통해 잠재고객을 발굴할 수 있습니다. 고객의 요구와 니즈를 파악하고, 이를 기반으로 제품이나 서비스를 제공하면서 기존고객의 추천을 통한 잠재고객을 발굴할 수 있습니다.

경쟁 우위 확보 및 고객유치

고객과의 소통을 통해 경쟁 우위를 확보할 수 있습니다. 경쟁업체보다 더욱 나은 제품이나 서비스를 제공하고, 고객의 요구와 니즈를 충족시키면서 경쟁 업체보다 더욱 많은 고객을 유치할 수 있습니다.

우리나라에 치킨 브랜드가 몇 개나 될까요?

유명 브랜드들과 동네치킨집까지 합하면 족히 50개는 넘지 않을까 싶은데요. 유명한 브랜드 치킨을 대적하기에 동네 치킨집은 마케팅, 홍보 면에서 부족할 수밖에 없습니다. 하지만 고객과의 소통을 통해 많은 고객을 유치하는 데 성공한 동네 치킨집도 존재합니다. 저희 동네에 있는 ○○치킨은 엄마들의 마음을 확 사로잡아 굉장한 인기를 끌고 있는데요. 보통 치킨을 시킬 때 엄마들이 바라는 점은 어른이 좋아하는 치킨과 아이들도 먹을 수 있는 치킨이 공존했으면 하는 것입니다. 야식으로 시켜 먹는 경우도 있지만 대부분 밥 대신 시키는 경우가 많기 때문에 엄마들은 치킨 따로 밥 따로 차리는 것을 원하지 않거든요. 이 사장님은 브랜드 치킨들을 먹고 남긴 리뷰를 자세히 살펴보고 분석했다고 합니다. 그러한 고객과의 소통을 통해 유명 브랜드보다 경쟁 우위에서 고객을 유치하는 방법을 찾아낸 것이죠.

이 치킨집은 일단 어린이들이 밥 반찬으로 먹을 수 있는 치킨의 종류가 일반 치킨브랜드들보다 다양합니다.

맵지 않고, 너무 자극적이지 않은 맛으로 어린이 전용 메뉴를 준비한 거죠. 거기에 그치지 않고, 어린이들의 양은 어른들보다 적을 수밖에 없기 때문에 항상 치킨이 남는다는 리뷰를 보고 양을 두 가지로 나누어 메뉴에 내놓기도 했습니다.

패밀리 세트로 어른들이 원하는 맛과 어린이가 원하는 맛을 선택해서 구성할 수 있고, 게다가 국내산 닭만을 사용하는 점도 엄마들의 마음을 확 사로잡기에 충분했습니다.

이와 같이 기업이나 조직은 고객과의 소통을 통해 고객의 니즈를 파악하고, 이를 충족시키는 제품과 서비스를 제공하여 고객 만족도를 향상시키고, 경쟁 우위를 확보할 수 있습니다.

고객 만족에 필수적인 요소는 하드웨어(Hardware), 소프트웨어(Software), 휴먼웨어(Humanware)입니다. 이 세 가지 요소가 조화롭게 결합되어 고객에게 만족스러운 제품이나 서비스를 제공할 수 있습니다.

① 하드웨어(Hardware)

하드웨어적 요소는 제품의 물리적인 부분을 의미합니다. 제품의 디자인, 외관, 기능, 성능, 내구성, 간판, 건물의 외관, 시설, 쾌적함, 전시물, 화장실, 휴게실, 조명, 주차장 등이 여기에 해당합니다. 고객은 제품을 사용하면서 기능이 원활하게 작동하고, 디자인이 만족스럽고, 내구성이 높은 제품을 선호합니다. 또한 이용이 편리하고 쾌적한 시설을 원합니다.

② 소프트웨어(Software)

소프트웨어적 요소는 제품에 내장된 소프트웨어와 관련된 부분을 의미합니다. 사용자 인터페이스(UI), 소프트웨어의 기능, 안정성, 보안성, 대기시간, 고객의 소리 대응체계, 각종 광고, 팜플렛, 카달로그 등이 여기에 해당합니다. 고객은 제품을 사용할 때 직관적이고 쉽게 사용할 수 있는 UI와 함께, 안정성과 보안성이 높은 소프트웨어를 선호합니다. 또한 정책이나 제도 등에 있어서 이용의 편의성을 원합니다.

③ 휴먼웨어(Humanware)

휴먼웨어적 요소는 고객과의 상호작용, 서비스, 커뮤니케이션 등 인간적인 측면을 의미합니다. 응대 태도, 친절도, 용모, 이미지, 성실성, 신뢰성, 매너, 고객 서비스의 질, 문제 해결 능력, 의사소통 능력 등이 여기에 해당합니다. 고객은 제품을 구매하기 전후로 제품을 제공하는 회사와의 상호작용에서 친절하고 전문적인 서비스를 원합니다.

그렇다면 세 요소 중 고객의 재방문에 가장 영향력이 큰 요소는 어떤 것일까요?
식당을 예로 들어보겠습니다. 새로 생긴 식당이 있다고 해서 찾아간다고 가정해보겠습니다. 가서 보니 주차장도 매우 넓고 실내 인테리어 아주 세련되었습니다. (하드웨어적 요소 만족) 들어가니 번호표대로 입장을 하고 주문도 테이블에 있는 키오스크로 편리하게 할 수 있습니다. (소프트웨어적 요소 만족) 자, 그런데 메뉴가 제공될 때 직원이 그릇을 소리 내서 탁 놓고는 쌩하고 뒤돌아 가는 겁니다. 게다가 물을 좀 더 달라고 하려고 벨을 아무리 눌러도 응답을 안 하더니 한참 후에 나타나 미간을 있는대로 찌푸리며 "부르셨어요?" 하는 겁니다. "네 물 좀 더 주세요." 하니, 퉁명스러운 말투로 "물은 셀프인데요." 하는 이 상황. (휴먼웨어적 요소 불만족) 어떻습니까. 여러분은 이 식당에 다시 가시겠습니까?

두 번째 상황도 한번 살펴보겠습니다.

이 식당은 늘 주차공간이 부족해서 운이 좋으면 주차장에 주차를 할 수 있지만 대부분 골목 적당한 곳에 주차를 해야 하는 불편함이 있습니다. (하드웨어적 요소 불만족) 게다가 식당 안으로 들어가면 테이블이 몇 개 없어서 기다려야 할 때도 있고, 테이블에 호출벨이 없어서 추가 주문을 하려면 목청껏 소리를 내어 불러야 합니다. (소프트웨어적 요소 불만족) 하지만, 식당 사장님을 비롯하여 종업원들 모두 웃는 얼굴로 응대를 하고, 부르면 바로 달려와 물음에 응답을 해줍니다. 심지어 아이들 먹을 반찬이 없을 것 같다며 김이나 계란프라이를 해주냐고 물어보기까지 하죠. (휴먼웨어적 요소 매우 만족)

저라면 이 두 번째 식당의 하드웨어적 요소와 소프트웨어적 요소가 아무리 불만족스러워도, 그럼에도 불구하고 휴먼웨어적 요소가 너무 만족스럽기에 이 식당에 다시 방문할 것 같습니다. 다시 말해 고객들은 하드웨어적 요소와 소프트웨어적 요소가 아무리 만족스러워도 휴먼웨어적 요소가 불만족 스러우면 재방문이나 재구매를 하지 않는다는 것입니다.

한 집 걸러 한 집이 식당이고, 미용실이고, 카페인 이 시대. 선택지가 많아지면 많아질수록 고객들의 눈높이는 높아질 수밖에 없습니다. 3가지 고객만족 요소를 모두 만족시킬 수 있으면 가장 베스트 상황이겠지만 사정이 여의치 않아 하드웨어적 요소, 소프트웨어적 요소가 부족한 상황이라면 휴먼웨어적 요소로 그것을 채워보는 건 어떨까요?

사장님과 종업원의 따뜻한 눈빛, 친절한 말 한마디, 문의에 대한 신속한 응대, 전문성 등을 갖춘 고객 응대를 이어나가는 휴먼웨어적 요소에 최선을 다한다면 분명히 경쟁력이 있을 겁니다.

폐업을 부르는
아이스 커뮤니케이션

방금 예로 들었던 두 식당 중 첫 번째 식당의 종업원의 응대 태도 혹시 기억나십니까? 미간을 있는 대로 찌푸리고 한껏 퉁명스러운 말투로 응대를 했었죠.

언어의 온도가 냉담하고 차가운 화법을 '아이스 커뮤니케이션' 이라고 이름 붙여 보았는데요, 보통 아이스 커뮤니케이션의 가장 큰 특징은 상대방의 말에 대한 리액션이 부족하다는 것입니다.

고객의 말에 꼬박꼬박 대답은 잘하지만, 잘 들어보면 그 대답 안에 감성이나 표현이 부족한 경우가 많습니다. 이런 아이스 커뮤니케이션을 나누고 나면 고객들은 왠지 불친절하다는 느낌과 소극적인 응대, 또는 불안함 등 부정적인 감정을 느끼기가 쉽습니다.

자, 그럼 지금부터 어느 치킨집 고객 응대 상황을 한번 들여다 볼까요?

#회사야유회 #아침일찍 #치킨30마리 #무30개추가 #젓가락넉넉히 #후문이요

고객 : 여보세요, 땡땡 치킨집이죠?

사장님 : 네.

고객 : 저희가 내일 학교 야유회가 있어서 치킨을 좀 시키려고 하는데요.

사장님 : 네.

고객 : 치킨 30마리 혹시 아침에 배달 가능할까요?

사장님 : 아침에요?

고객 : 네, 저희가 아침에 학교 앞에서 출발하기로 해서 8시 40분까지 배달해주셔야 하는데 가능할까요?

사장님 : 아침에는 장사를 안 하는데.

고객 : 아, 아침에는 안되는구나. 저희가 맛있으면 소문 많이 내드릴게요. 혹시 안될까요?

사장님 : 위치가 어딘데요?

고객 : 거기 치킨집에서 가까워요. ○○학교요. 10분 정도 거리 될 거예요. 그래서 전화드린 거거든요.

사장님 : 원래는 안 되는데, 해드릴게요. (생색).

고객 : 네 감사합니다. 그럼 치킨은 프라이드 15마리, 양념 15마리로 해주시고, 치킨 무도 30개 추가해주세요. 젓가락은 넉넉히 챙겨주시고요.

사장님 : 네.

고객 : 카드 결제할 수 있죠?

사장님 : 네, 전화번호 주세요.

고객 : 000-000-0000이요.

사장님 : 네.

고객 : 아, 다 된 건가요? 네 알겠습니다. 꼭 8시 40분까지 후문으로 와
주셔야 해요. 맛있게 잘 부탁드립니다.

사장님 : 네.

자, 여러분이 고객이라면 이 전화를 끊고 나서 어떤 생각이 들
것 같으신가요? 제가 만약 고객이었다면 굉장히 불안했을 것 같
아요.

'제대로 들었나? 프라이드 15마리, 양념 15마리, 무 30개 추가,
젓가락 넉넉히, 카드 결제, 8시 40분까지 학교 후문 앞으로, 내 전
화번호는 제대로 적었겠지?'

저만 이렇게 불안한 건가요? 아마 고객 대다수는 이 사장님과의
전화 통화 후 불안했을 겁니다. 치킨 가게 사장님이 묻는 말에 대
한 대답을 꼬박꼬박했음에도, 고객이 불안감을 느끼는 이유는 과
연 무엇일까요?

그 이유는 바로 단답형 대답에 있습니다.

네, 네, 네.
사장님은 거의 모든 질문에 "네"라고 단답형 대답을 하셨습니다.

"네"가 잘못된 대답이냐고요? 아니요, 그렇지 않습니다.
"네"라는 대답이 잘못된 것이 아니라, "네"라는 대답만 했기 때
문에 고객이 불안하다고 느낀 것입니다.
자 그럼, 단답형 말고 어떤 대답을 해야 할까요?

치킨을 주문하는 상황으로 다시 돌아가 보겠습니다.

고객 : 여보세요, 땡땡 치킨집이죠?

사장님 : 네~ 땡땡 치킨입니다. (상호 확인)

고객 : 저희가 내일 학교 야유회가 있어서 치킨을 좀 시키려고 하는데요.

사장님 : 아~ 야유회 가세요~

고객 : 치킨 30마리 혹시 아침에 배달 가능할까요?

사장님 : 아침에요? 원래 저희가 영업시간이 오후 5시부터 시작이라…. 혹시 아침 몇 시까지 받으셔야 할까요?

고객 : 네, 저희가 아침에 학교 앞에서 출발하기로 해서 8시 40분까지 배달해주셔야 하는데 가능할까요?

사장님 : 아, 8시 40분이요? 혹시 위치가 어디실까요?

고객 : 거기 치킨집에서 가까워요. ○○학교요. 10분 정도 거리 될 거예요. 그래서 전화드린 거거든요.

사장님 : 아, 그러셨구나. 거리가 가까워서 다행이네요. 그럼 치킨은 어떤 걸로 배달해드리면 될까요?

고객 : 프라이드 15마리, 양념 15마리로 해주시고, 치킨 무도 30개 추가해주세요. 젓가락은 넉넉히 챙겨주시고요.

사장님 : 네, 프라이드 15마리, 양념 15마리, 치킨 무 30개 추가, 젓가락 넉넉히요. 치킨 무는 하나당 500원이어서 15,000원 추가됩니다. 괜찮으시겠어요?

고객 : 네, 괜찮아요. 카드 결제할 수 있죠?

사장님 : 네, 카드 결제할 수 있습니다. 내일 연락드릴 전화번호 하나 남겨주시겠어요?

고객 : 000-000-0000이요

사장님 : 네 000-000-0000이요, 혹시 이 전화 연결이 안 되면 다른 분께 전화드리려고 하는데 다른 분 한 분 더 연락처 남겨주시겠어요?

고객 : 아, 네. 000-000-0000이요. 근데 제가 전화 바로 받을 거예요. 다 된 건가요?

사장님 : 네, 다른 분 번호 한 번 더 확인하겠습니다. 000-000-0000 맞으시죠?

고객 : 네 맞아요. 꼭 8시 40분까지 후문으로 와주셔야 해요. 맛있게 잘 부탁드립니다.

사장님 : 네, 8시 40분까지 후문에서 뵙겠습니다. 출발하면서 전화드리겠습니다. 주문해주셔서 감사합니다. 내일 뵐게요.

같은 상황, 다른 대화
두 대화의 차이점을 찾으셨나요?

맞습니다. 사장님의 대답에 분명히 차이가 있습니다.

언어의 온도로 봤을 때, 첫 번째 상황은 사장님의 언어의 온도는 차갑고 무성의하게 느껴지고, 두 번째 상황 속 사장님의 대화의 온도는 따뜻하고 친절합니다.

온도의 차이가 느껴지지 않았다면 다시 한번 대화를 읽어보시고 언어의 온도를 느껴보시기를 바랍니다.

고객이 느끼는 부정적인 감정을 줄여주는 방법 중 가장 손쉬운 방법은 바로 따뜻한 언어와 미러링입니다.

미러링은 고객이 했던 말을 다시 한번 되풀이해 주는 방법인데요.

예를 들어 고객이 "아침 8시 40분까지 배달 가능한가요?"라고 물었을 때 "네"라는 단답형이 아닌, "아, 8시 40분까지요. 네, 가능합니다." 하고 대답하는 방식입니다.

차가운 단답형의 대답을 들었을 때 대부분의 고객들은 불친절하다고 느끼거나 무성의한 응대를 받았다고 느끼게 됩니다. 그리고 그것은 곧 재방문 리스트에서 삭제되는 비운을 맞이하게 될 수도 있음을 의미합니다.

직장에서도 마찬가지입니다. 동료나 상사가 "지난번 보고서 오늘 회의 때 발표할 수 있겠나?"라고 물어보면 "네"라고 단답형으로 대답하지 말고 "네, 지난번 말씀하신 ○○ 보고서 오늘 회의 때 준비해서 발표하겠습니다."라고 적극적인 대답을 해주세요. 이 대답만으로도 여러분은 프로 일잘러로 한걸음 다가서게 될 것입니다.

자, 다시 고객응대 상황으로 돌아와서 신규고객을 단골고객, 충성고객으로 만드는 꿀팁! 이것만 기억하세요. 대답은 늘 따뜻한 목소리와 미러링!

자, 이번에는 컴플레인 고객이 발생한 상황입니다.

아까 그 첫 번째 치킨 주문상황으로 다시 돌아가 보겠습니다.
고객이 상당히 불안해하고 있었던 그 상황. 맙소사! 그 불안감이 현실이 되어버렸습니다.

다음날(야유회 당일)이 되었습니다.

치킨은 제시간에 도착하지 않았고, 그 덕에 교장 선생님 이하 모든 직원이 출발하지 못하고 버스에서 대기하고 있고, 곧 온다던 치킨은 함흥차사 9시 20분이 되어서야 도착했습니다. 늦어서 죄송하다고는 했지만, 장소를 정문으로 잘못 알아서 그쪽에서 한참 기다렸다면서 자기도 사실 별로 잘못은 없다는 말투로 변명을 늘어놓고, 카드 결제한다고 하니, 결제 리더기를 깜빡했다면서 현금으로 입금해주면 안 되겠냐는 말도 안 되는 이야기를 하길래, 일단 다시 이야기하자고 차에 올라타 출발했습니다.

혹시 몰라 치킨 상자를 열어보니, 신신당부했던 젓가락도, 추가했던 무도 들어있지 않은 상황. 이건 뭐 엉망진창이죠?

고객은 잔뜩 화가 나서 격앙된 목소리로 사장님에게 전화를 걸었습니다. 하지만 몇 번이나 전화를 걸어도 전화를 받지 않고, 문자를 보내도 답이 없는 상황이 오후까지 이어졌습니다.

대형 컴플레인이 발생했습니다.

이때 이 사장님은 응대를 어떻게 하느냐에 따라 이 고객을 우리 가게의 단골고객으로 만들 수도 있고, 영원히 돌아오지 않는 데다가 나쁜 입소문을 퍼뜨려 잠재고객까지 잃게 만드는 악성 고객으로 만들 수도 있습니다.

오후에 드디어 전화가 연결되었습니다.

다시 상황 속으로 함께 들어가 볼까요? 치킨집 사장님은 '나는 너를 평생 돌아오지 않는 고객, 악성 고객으로 만들고 말겠다고 작심한 응대'를 보여줍니다.

> **고객** : 아니, 사장님 왜 이렇게 통화연결이 안 되시는 거에요? 이렇게 엉망진창으로 갖다주셨으면 전화라도 받으셔야죠!
>
> **사장님** : 아니 저희가 원래 오후에 문을 여는데 오늘 특별히 아침에 갖다 드리느라 일찍 오픈해서 갖다 드린 건데 엉망진창이라뇨. (적반하장)
>
> **고객** : 엉망진창이죠! 일단 약속 시간에 40분이나 늦으셨고, 추가했던 치킨 무도 안 갖다주시고, 젓가락도 안 들어 있고, 카드리더기도 안 가져오셔서 아직 결제도 못 했잖아요!
>
> **사장님** : 아니~ 저 혼자 30마리를 한꺼번에 튀기다 보니까 시간이 생각보다 오래 걸려서. 그리고 장소를 정문이라고 하신 줄 알고 거기서 계속 기다리느라 좀 늦은 거죠. (변명) 치킨 무는 저희 직원이 챙기라고 했는데 깜빡했다고 하더라고요. (책임회피) 아직 결제 안 하신 거니 치킨값만 결제해주시면 됩니다. (내 맘대로 해결책)
>
> **고객** : 아니 사장님, 지금 치킨값 결제가 문제가 아니잖아요~ 저희 선생님들 모두 그것 때문에 출발도 못 하고 기다리고, 젓가락도 없어서 다 손으로 드셔야 하고 불편한 점이 이만저만 아니었다고요.
>
> **사장님** : 네, 죄송합니다. (어쩔 수 없는 사과) 제가 꼭 챙기라고 했는데 저희 직원이 깜빡해서…. (다시 직원 탓, 책임회피)

자, 이 응대 어떠신가요?

여러분이 이 고객이라면 사장님이 사과를 하긴 했으니 화가 풀리실 것 같으신가요?

'아, 혼자 튀기시니까 그럴 수도 있었겠다.' 하면서 너그러운 마음으로 이해가 되실까요?

이렇게 응대한 사장님은 분명 다른 사람에게도 이런 식으로 응대를 하실 테니 치킨집의 폐업이 앞당겨질 가능성은 굉장히 커 보입니다.

컴플레인 상황이 발생했을 때 사과를 한다고 해서 상황이 종료되는 것은 아닙니다.

그리고 저렇게 다른 사람을 탓하는 변명과 자기방어적인 태도의 사과는 오히려 고객의 화를 돋우고 컴플레인을 더 키우게 됩니다.

컴플레인고객 응대기법 :
경·공·사·대·감

혹시나 이러한 컴플레인이 발생했다면 지금부터 경·공·사·대·감을 기억해주세요.

고객의 입장에서 경공사대감 해주면 고객은 어느새 격앙된 마음을 진정시키고, 상황을 이해하며 화를 누그러뜨린 후 어느새 우리 편이 되어있을 겁니다.

자, 그럼 경공사대감이 무엇인지 한 자 한 자 알아봐야겠죠?

'경'은 '경청'입니다.

경청은 컴플레인 상황이 발생했을 때 매우 중요한 단계입니다.

경청의 단계에서는 고객의 불만을 처음부터 끝까지 귀 기울여 진심으로 잘 듣고 불만의 문제를 파악하며 숨은 요인을 찾는 단계입니다.

컴플레인 상황에서 경청은 3가지 효과가 있습니다.

① 고객이 무엇을 원하고 요구하는지 알 수 있다.

② 오해와 실수를 방지할 수 있다.

③ 고객의 화를 진정시키는 방법의 힌트를 얻을 수 있다.

잘 들어야 컴플레인을 해결할 방법을 찾을 수 있습니다. 그래서 일단 고객의 말을 끊지 말고, 끝까지 잘 들어봐야 합니다. 그리고 경청해야 합니다.

그냥 듣는 것이 아니라, 제대로 들어야 합니다.

금액, 수량, 시간, 요일 등 정확한 수치를 확인해야 할 내용들을 메모하고, 호응하면서 들어야 합니다.

'공'은 '공감'입니다.

공감대 형성을 통해 고객의 입장에서 상황을 이해한다는 마음을 보여주어야 합니다.

"많이 기다리셨죠.", "기다리시느라 답답하셨죠.", "많이 걱정하셨죠." 등, 고객이 그 상황에서 느꼈을 마음을 이해하고 공감한다는 표현을 해주면 여기서 이미 고객의 화가 난 마음이 한풀 꺾이게 됩니다.

공감은 대화나 소통 과정에서 상대방의 감정이나 생각에 공감하여 이해해주는 것을 말합니다. 이는 상대방과 좋은 대화와 관계를 유지할 수 있는 핵심 요소 중 하나입니다. 공감의 중요성은 다음과 같습니다.

① 상대방의 마음을 열어줍니다.

공감은 상대방의 마음을 열어주는 역할을 합니다. 상대방이 느끼는 감정을 이해하고 공감해주면, 상대방은 더욱 자신의 이야기를 나누고 대화를 이어 나갈 용기를 가지게 됩니다.

② 더 나은 대화를 가능하게 합니다.

공감은 대화 과정에서 더 나은 대화를 가능하게 합니다. 상대방의 생각과 감정을 이해하고 공감해주면, 상대방도 같은 마음으로 대화를 이어 나갈 것이며, 더 나은 대화가 가능해집니다.

③ 상대방과의 관계를 개선합니다.

공감은 상대방과의 관계를 개선하는 데 있어 매우 중요합니다. 상대방의 마음을 열어주고 이해해주면, 상대방은 자신을 이해해주는 사람으로서 우호적인 감정을 가지고, 서로의 관계를 더욱 개선할 수 있습니다.

④ 문제 해결에 도움을 줍니다.

공감은 문제 해결에도 매우 중요한 역할을 합니다. 상대방의 문제를 이해하고 공감해주면, 문제의 본질을 파악하여 해결책을 찾을 수 있습니다.

따라서, 공감은 컴플레인 상황은 물론이고, 대화나 소통 과정에서 매우 중요한 역할을 합니다.

'사'는 '사과'입니다.

사과는 잘못을 구체적으로 인정할수록 효과가 좋습니다.

"바쁘실 텐데 오래 기다리시게 해서 죄송합니다."
"결제에 불편을 드려서 죄송합니다."
"재주문하시는 번거로움을 드려서 죄송합니다."
"주문내역 확인하시는 데 혼동을 드려서 죄송합니다."
"주문하신 제품 중 누락이 발생해서 다시 기다리시게 한 점 죄송합니다."
"배달하는 과정에서 제품이 손상된 점 죄송합니다."

무조건 덮어놓고 '죄송합니다'라고 하는 것은 효과가 없기 때문에 고객이 화가 난 대목을 정확히 짚어서 사과해주셔야 합니다.

사과까지 했으니 이제 컴플레인 상황이 종료되었을까요?
아닙니다. 아직 남은 단계가 있습니다.

'대'는 '대안'입니다.

이 단계는 컴플레인을 해결함에 있어서 가장 중요한 부분이라고 볼 수 있는데요.

컴플레인 해결에 대한 방법을 강구하고 그 대안을 고객에게 제시하는 과정에서 보통은 실수를 많이 하십니다.

고객 : 주문한 제품 중에 일부가 누락되었는데요?

사장님 : 네 그럼 누락된 제품 부분 취소해드릴게요! (나만의 최선)

이 대안은 고객이 원하는 대안이 아니라, 사장님이 편하게 해결할 수 있는 사장님 입장에서 최선의 대안인 겁니다.

대안을 강구 할 때는 가장 먼저 고객의 의견을 물어야 합니다.

"아, 고객님, 제품이 누락되셨다구요? 죄송합니다. 저희가 포장하는 과정에서 일부 제품이 누락된 것 같습니다. 사용하시는데 불편을 드려서 다시 한번 죄송합니다. 혹시 저희가 어떻게 도와드리면 좋을까요?"

이때 고객이 원하는 방식으로 해결이 가능하다면 큰 손해가 없는 선에서 그 제안을 받아들이시는 것이 좋습니다. 하지만 고객도 지금 화가 난 상황이라 어떻게 해결해주면 좋을지 방법을 모르는 경우가 더 많습니다. 그러면 이때 해결 방법에 대한 대안을 2가지 정도 제시하는 것이 좋습니다. 한마디로 고객이 선택할 수 있는 옵션을 주는 것입니다.

"고객님 저희가 바로 누락된 제품에 대해 환불해드리는 방법이 있고, 또 한 가지는 기다리셔야 하는 번거로움이 있으시겠지만 누락된 제품을 얼른 포장해서 배송해드리는 방법이 있습니다. 어떤 것이 더 좋으실까요?"

그러면 고객은 두 가지 중 하나의 방법을 선택하게 되겠죠? 여기서 핵심은 결정은 고객이 하도록 하는 것입니다.

자, 고객이 결정했다면, 다음은 재확인 단계입니다.

"네, 그럼 고객님께서 말씀하신 대로, 저희가 최대한 빠르게 누락된 제품을 댁으로 배송해드리도록 하겠습니다. 오늘 송장 입력하면 배송받으실 때까지 3~4일 정도 소요되시는데 괜찮으실까요?"

자, 고객이 선택했던 해결방안에 대해 다시 한번 확인하고, 소요 시간에 대해 안내했습니다. 소요 시간 안내는 실제 걸리는 시간보다 조금 더 길게 이야기해주시는 것이 좋습니다. 2일 걸리는데 2일 걸린다고 안내했다가 배송 중 문제 발생으로 더 늦게 도착하면 그 컴플레인은 다른 국면을 맞이하게 되는 것이죠.

그래서 실제 소요 시간보다 살짝 더 길게 안내하고, 그보다 더 먼저 제품이 도착하도록 하면 오히려 생각보다 빠른 일 처리에 고객의 기분이 풀리게 됩니다. 그러면 이제 마지막 단계가 남았습니다.

감은 '감사'입니다.

감사는 컴플레인이 발생하고 그것을 해결할 수 있도록 다시 한번 기회를 준 고객에 대한 감사한 마음을 표현하는 단계라고 생각하시면 됩니다.

아이스버그는 빙산을 일컫는 말인데요, 표면 위에 노출된 부분이 실제로 보이는 것의 일부분에 불과하며 그 아래로는 훨씬 더 큰 부분이 있는 경우 이를 '빙산의 일각'이라고 표현합니다. 비즈니스 분야에서는 어떤 문제나 상황에서 보이는 것보다 더 깊은 부분에 있는 것들, 즉 명백히 드러나지 않은 부분들을 가리켜 아이스버그라고 표현합니다. 예를 들어, 회사 내부의 문제가 그것을 발생시킨 본질적인 원인보다 표면적인 문제로 대처 되거나, 잠재적인 고객층의 의견을 파악하지 않고 무리한 마케팅 전략을 실행하는 것도 아이스버그에 해당할 수 있습니다. 또한 표면적으로 드러나는 불만 고객이 없다고 해서 진짜 불만 고객이 없는 것은 아니라는 것을 의미하기도 합니다. 차라리 불만을 드러내고 표현하는 고객들 덕분에 우리는 발견하지 못했던 문제점을 파악할 수 있고, 개선할 수 있게 되기에 이러한 아이스버그들을 인식하고 해결하는 것이 비즈니스 혹은 조직의 성공에 큰 역할을 합니다.

감사 인사를 전할 때는 진심의 마음을 담아 표현해주어야 비로소 고객 마음의 빗장이 열리게 됩니다.

"솔직하게 말씀해주셔서 감사합니다."
"너그러이 이해해주셔서 감사합니다."
"바쁘셨을 텐데 기다려주셔서 감사합니다."
"고객님 덕분에 문제점을 알 수 있었습니다. 감사합니다."
"이번 사례를 거울삼아 같은 실수를 반복하지 않도록 기회 주셔서 감사합니다."

그리고 상황이나 형편이 가능하다면 감사함의 마음을 담아 고객이 생각지 못한 사은품이나 선물을 보답하는 것도 불만 고객을 단골고객으로 만드는 좋은 방법입니다.

"저희가 실수한 부분 너그러이 이해해주시고, 양해해주셔서 감사한 마음을 현금처럼 사용하실 수 있는 포인트로 보답해드리려고 하는데요~ 다음 주문 때 사용하실 수 있도록 10,000포인트를 고객님 아이디로 지급해드리겠습니다. 다시 한번 감사드립니다."

"지난 번 실수했던 부분 죄송한 마음 담아, 서비스로 치즈볼 세트 넣었습니다. 이해해주시고 재주문해주셔서 다시 한번 감사합니다."

작은 호의가 큰 보답을 일으키는 것을 "적극적 보상 효과(Active Reward Effect)" 또는 "충동적인 보상 효과(Impulsive Reward Effect)"라는 소비 심리적인 현상으로 설명할 수 있는데요.

적극적 보상 효과는 사소한 호의나 선물이 소비자에게 즉각적인 보상감을 제공하므로, 소비자가 해당 제품이나 브랜드에 대한 긍정적인 인식을 가지게 합니다. 이는 작은 호의가 소비자의 기억에 오래 남게 하며, 소비자가 재구매 결정을 할 때 이전에 받은 작은 호의가 영향을 미친다고 해석합니다.

충동적인 보상 효과는 작은 호의가 소비자의 무의식에 긍정적인 감정을 불러일으키므로, 이후에 해당 제품이나 브랜드에 대한 긍정적인 인식이 강화되고, 재구매 결정에 긍정적인 영향을 미친다고 설명합니다.

따라서 기업은 작은 호의나 선물을 통해 소비자의 긍정적인 인식과 충성도를 높이고, 이를 통해 더 많은 재구매와 긍정적인 마케팅 효과를 기대할 수 있습니다.

불만 고객 응대 시 잊지 말아야 할 경청, 공감, 사과, 대안, 감사. 순서는 그때그때 달라져도 되지만 이 5가지 응대가 모두 포함되어야 컴플레인이 말끔히 해소된다는 것을 꼭 기억해주세요.

실전 응대 전략 :
불만고객을 단골고객으로

자, 그럼 방금 배운 경공사대감 응대를 어떻게 적용해야 할지 아까 그 치킨 가게 컴플레인 상황 속으로 다시 들어가보겠습니다.

고객 : 아니, 사장님 왜 이렇게 통화연결이 안 되시는 거예요? 이렇게 엉망진창으로 갖다주셨으면 전화라도 받으셔야죠!

사장님 : 네 고객님, 전화 연결 안 돼서 많이 답답하셨죠. (공감) 저희가 응대가 미흡해서 죄송합니다. (사과) 혹시 어떤 부분이 문제였는지 다시 한번 설명해주실 수 있을까요? (경청)

고객 : 일단 약속 시간에 40분이나 늦으셨고, 추가했던 치킨 무도 안 갖다주시고, 젓가락도 안 들어 있고, 카드리더기도 안 가져오셔서 아직 결제도 못 했잖아요!

사장님 : 아. 네 전반적으로 너무 문제가 많았네요. (변명이 아닌 잘못 인정) 정말 죄송합니다. (사과) 혹시 저희가 어떻게 해드리면 좋을까요? (의견 듣기)

고객 : 어떻게 해주실 건데요!

사장님 : 네, 그러면 고객님 저희가 너무 죄송해서 일단 결제는 편하신

나를 빛나게 하는 셀프리더십

시간 말씀해주시면 카드리더기 가지고 가구요, 무도 넉넉히 챙겨드렸어야 하는데 너무 죄송해서 못 드신 무값 15,000원을 빼 드리려고 하는데 괜찮으실까요? (옵션 제시)

고객 : 아 무값 빼주시는 건 됐고요, 월요일 점심시간 맞춰서 결제하러 학교 총무과로 와주세요.

사장님 : 네 고객님, 저희가 월요일에 말씀하신 점심시간에 총무과로 가겠습니다. 혹시 몇 시까지 가면 편하실까요? (재확인)

고객 : 12시 40분까지 총무과 오셔서 ○○○ 찾으시면 됩니다.

사장님 : 네 그럼 고객님 12시 40분까지 총무과로 가겠습니다. 기분이 좋게 떠나서야 할 야유회를 저희 때문에 출발도 지연되고 제대로 배달도 안 돼서 많이 난처하시고 화나셨을 것 같아요. 정말 죄송하고, 너그럽게 양해해주셔서 다시 한번 감사드립니다. (마음 담은 사과와 감사 인사)

그리고 월요일에 카드리더기를 가지고 가면서 그냥 가지 않고, 치킨 상품권이나, 하다못해 간식으로 먹을 수 있는 사이드 메뉴라도 준비해서 가면, 고객은 오히려 고맙게 생각하고 다음에 다시 한번 기회를 주실 겁니다.

불만 고객은 진상 고객이 아닙니다.

자신이 겪은 불편이나 불만을 표현하고 해결을 요구하는 고객으로, 문제점과 취약점을 개선할 기회를 주는 고객이고, 발전과 향상에 도움을 주고 힌트를 주는 고마운 고객입니다.

응대를 하다 보면 누구나 실수할 수 있습니다. 하지만 실수 후 어떻게 대처할지는 각자가 다른 선택을 하게 됩니다.

그 선택에 따라 영영 돌아오지 않는 고객을 만들고, 그 고객으로 인해 잠재고객까지 잃어버리는 상황을 만들 수도 있고, 반대로 그 고객과 평생 친구, 든든한 동반자가 될 수도 있습니다.

충성고객을 확보해야
매출이 오른다

충성고객은 비즈니스 상황에서 가장 필요한 고객입니다.

그들은 신규고객이나 일반고객보다 훨씬 막강한 힘을 가지고 있는데요. 먼저, 기업에게 안정적인 수익을 창출해 줍니다. 충성고객들은 제품이나 서비스를 반복적으로 이용하므로, 기업은 그들로부터 안정적인 수익을 예상할 수 있습니다. 또한, 충성고객들은 브랜드에 대한 높은 신뢰도를 가지고 있어서, 브랜드 이미지에 대한 긍정적인 영향 또한 줄 수 있습니다.

두 번째, 충성고객은 경쟁 우위를 확보 및 유지가 가능하게 해줍니다. 충성고객들은 기업의 제품이나 서비스를 지속적으로 이용하므로, 경쟁 업체들보다 더 높은 구매 우위를 갖게 됩니다. 이를 통해, 기업은 경쟁 우위를 유지할 수 있습니다.

세 번째, 충성고객은 비용을 절감시켜줍니다. 새로운 고객을 유치하고 유지하는 것은 기존 고객들을 유지하는 것보다 더 많은 비용이 들기 때문에, 충성고객들을 유지하는 것은 비용을 절감할 수 있는 좋은 방법입니다.

네 번째, 충성고객은 브랜드 로열티를 향상시킵니다. 충성고객들은 브랜드에 대한 신뢰도가 높아서, 기업이 새로운 제품이나 서비스를 출시할 때 높은 관심을 가지게 됩니다. 이를 통해, 브랜드 로열티가 향상됩니다.

따라서, 충성고객을 유치하고 유지하는 것은 기업이나 비즈니스에 있어서 무엇보다 중요하고, 전략적인 응대가 필요합니다. 이를 위해, 고객들에게 선제적으로 봉사하고 변하지 않는 고객서비스와 마인드로 고객 만족도를 높이려는 노력을 기울여야 합니다.

충성고객 확보를 위한
5가지 필수요소

충성고객 확보를 위해 필요한 5가지 요소를 함께 살펴보겠습니다.

① 제품 및 서비스의 질 향상

충성고객은 일반적으로 제품 또는 서비스의 질이 높은 경우 유치하기 쉽습니다. 따라서 제품 또는 서비스의 기능이나 성능을 개선하거나, 고객의 요구사항에 부합하는 제품 또는 서비스를 제공하는 것이 중요합니다.

② 고객 경험의 개선

충성고객은 기업이 고객에 대한 서비스와 개개인에게 관심을 두는 것을 인식할 경우 유치하기가 쉽습니다. 고객의 피드백을 수집하고, 그에 따른 개선 사항을 실시하며, 고객이 제품 또는 서비스를 이용하는 과정에서 발생할 수 있는 문제를 최소화하는 것이 중요합니다.

③ 고객 대상 맞춤형 마케팅

고객의 요구에 부합하는 제품 또는 서비스를 제공하며, 이에 따라 고객 대상의 맞춤형 마케팅을 제공하는 것이 중요합니다. 예를 들어, 고객의 취향과 관심에 맞는 제품을 추천해주거나, 고객의 이전 구매 내역에 따라 맞춤형 할인 혜택을 제공하는 것 등이 있습니다.

④ 고객 서비스 향상

고객이 문의나 불만을 제기할 경우, 신속하게 대응하고, 문제를 해결하는 것이 중요합니다. 또한, 고객이 문의나 불만을 제기하지 않아도, 주기적으로 고객과 소통하며, 고객 서비스를 개선하는 것이 충성고객을 유치하는 데 도움이 됩니다.

⑤ 고객 보상제도 도입

충성고객을 유치하려면, 고객 보상제도를 도입하는 것이 좋습니다. 예를 들어, 충성고객에게 할인 혜택, 적립금, 경품 등을 제공하는 것입니다.

위와 같은 방법들을 종합적으로 고려하여 고객에게 더 나은 경험을 제공하며, 충성도를 높일 수 있습니다.

충성고객은 보통 '소다추'를 해줍니다.
주변 사람들에게 적극적으로 **소**개, **다**시 방문(재방문, 재구매), 강력 **추**천을 해주시는 거죠.
열 부럽지 않은 나의 영업사원이 기꺼이 되어주는 겁니다.

미국의 마케팅 전문가 조지 실버맨(George Silverman)은 1990년대 초반에 그의 저서인 『The Secrets of Word-of-Mouth Marketing : How to Trigger Exponential Sales Through Runaway Word of Mouth』에서 '워드 오브 마우스(Word of Mouth) 현상'에 대해 연구하고 소개했는데요. 이것은 '입소문 효과'와 유사한 개념이라고 볼 수 있습니다. 이 현상은 어떤 제품이나 서비스에 대한 만족도가 높은 고객 한 명이 이를 주변인 13명에게 추천하고, 이 13명이 다시 주변인 13명에게 추천하는 것을 말합니다.
한 사람이 제품이나 서비스를 사용하거나 구매하는 것이 주변 사람들에게 영향을 미치고, 그 영향력이 파생되어 그 주변 사람들이 또 다른 사람들에게 영향을 미치는 형태로 확산된다는 것을 기반으로 합니다. 테슬라의 창업자 일론 머스크 역시 과거에 Zip2라는 회사를 창업한 후에 이 이론을 활용하여 눈에 보이지 않는 잠재고객을 확보하고, 그것이 자연스럽게 매출 증대로 이어지는 마케팅 전략을 사용했다고 합니다. 그는 거기서 그치지 않고, 지속적인 고객 맞춤 서비스를 통해 고객만족에 성공했고 충성고객층을 점점 더 많이 확보할 수 있게 되어 기업이 성장할 수 있었다고 밝히기도 했습니다.

사실 지금은 13명이라는 숫자가 중요하지 않습니다. 잠재고객은 130명이 될 수도, 1,300명, 아니 그 이상이 될 수도 있습니다. 현재에 이르러서는 디지털 환경에서의 소셜 미디어의 역할이 커지면서 한 사람의 영향력이 훨씬 더 막강해졌고, 그 영향력있는 고객 뒤에 숨어 있는 보이지 않는 수많은 잠재고객을 우리의 영업장으로 오게 만드는 노력이 반드시 필요하다는 것이 핵심입니다.

이 글을 읽고 계신 우리 대표님들은 지금부터 당장 고객과 눈을 맞추고, 고객의 말을 미러링하고, 풍부한 비언어로 언어의 온도를 높여 충성고객을 확보해야 합니다.

거기에 하나 더, 고객의 마음을 사로잡는 공감소통 서비스화법을 사용할 수 있어야 합니다.

고객의 마음을 사로잡는
공감소통 서비스 화법

고객응대 상황에서 부정어보다는 긍정어를 사용하시고, 단답형보다는 두 문장 이상으로 적극적 응대화법을 사용하면 좋습니다. 그리고 불가능하다는 말 대신 할 수 있는 최선의 대안을 제시해주시고, 지시형이 아닌 청유형의 화법을 사용해주시면 좋습니다.

다음은 실전 화법 예시입니다.

"네."라는 단답형 화법 대신 "네, 맞습니다.", "네, 그럼요."와 같이 두 문장으로 응대해주세요.

"그렇게 하세요."라는 소극적인 화법 대신 "네, 정확히 알고 계시네요", "네 맞아요. 그렇게 하시면 됩니다." 적극적인 화법을 사용해주세요.

"그렇게 하시면 안 돼요"라는 부정적 화법 대신 "A보다 B로 해주시면 좋습니다", "A 부분은 B로 하시면 더욱 빠르게 처리가 가능합니다"라고 긍정화법을 사용해주세요.

확인이 필요한 순간에도 "잠시만 기다리세요" 대신 "신속한 처리를 위해 ○분 정도 (대기 예상 시간) 기다려주시겠습니까?"

"최대한 빠르게 안내해 드리기 위해 ○분 정도(대기 예상 시간) 소요될 것 같습니다. 괜찮으실까요?"와 같이 청유형과 대기시간을 알려주세요.

긍정어, 두 문장의 적극적 화법, 청유형을 응대 상황에서 꼭 활용해보세요. 자 그럼, 회사와 사업장에서 소통하는 법을 배웠으니 이제 집으로 한번 가볼까요?

PART
4

행복한 우리 집 :
가족들과의 소통

부모와 자식 간의 소통

부모와 자식 간의 소통은 가족의 행복과 안위에 있어서 굉장히 중요한 부분입니다. 먼저, 가족 구성원으로서 서로의 존중과 사랑을 나누기 위해서 소통이 필요합니다. 소통을 통해 가족 구성원들끼리의 존중과 사랑을 나누어 나가는 것은 매우 중요합니다. 부모와 자식 간에 서로를 이해하고, 존중하는 태도는 가족 구성원끼리의 안정감을 높이고, 서로를 신뢰할 수 있는 관계를 유지할 수 있습니다.

다음으로, 자녀의 건강한 성장을 위해서 소통은 반드시 필요합니다. 자녀는 어린 시절에 부모와의 소통을 통해 정서적인 안정감을 얻을 수 있으며, 이는 건강한 성장에 중요한 역할을 합니다. 또한, 부모와의 소통을 통해 자녀가 불안감이나 스트레스 등을 경험할 때, 이를 공감하고 대처하는 방법을 배우게 됩니다.

또한, 자녀의 자아발달을 위해서 부모와의 소통은 반드시 필요합니다. 자녀의 자아발달은 부모와의 소통을 통해 이루어집니다. 부모가 자녀의 의견을 존중하고, 이를 들어주며, 이를 통해 자녀의 자아를 발견하고, 개발할 수 있습니다.

마지막으로, 가족 구성원 간의 갈등 해결을 위해서 소통은 중요합니다. 부모와 자식 간에 소통이 원활하지 않으면, 가족 구성원들 간의 갈등이 생길 가능성이 높습니다. 하지만, 부모와 자식이 서로의 의견을 듣고, 서로를 이해하며, 소통하는 과정에서 갈등을 조속히 해결할 수 있습니다.

자 그럼, 지금부터 부모와 자식 간의 소통을 잘하기 위한 몇 가지 아이디어를 나눠드리겠습니다.

① 시간 내기

요즘은 초등학교 자녀들도 학원을 두세 군데는 기본으로 다니다 보니 아침에 나가면 저녁늦게야 집에 들어와서 대화 할 시간이 없다고 이야기들을 하시는데요, 서로 바쁘게 살다 보면 부모와 자식 간의 소통의 시간이 자연스레 줄어들 수 밖에 없습니다. 그러므로 일부러 시간을 내어 만남의 시간을 가지고 대화를 나누는 것이 중요합니다. 하루에 15분~20분 만이라도 정해진 시간에 눈을 맞추며 대화의 시간을 가져보는 건 어떨까요?

② 상호 존중

부모와 자식 간 소통을 잘하기 위해서는 서로의 의견과 생각을 존중하는 것이 중요합니다. 부모는 자기 경험으로부터 자식이 현재 겪고 있는 상황을 이해할 수 있지만, 자식도 자신만의 생각과 경험이 있습니다. 나이가 어린 자녀라고 무시하지 마시고, 이를 존중하면서 대화를 나누는 것이 좋습니다.

"어린 게 뭘 알아~" 하지 마시고, "아~그렇게 생각할수도 있겠네 ~ 그런 방법도 있구나~" 하고 존중해주세요.

③ 열린 마음으로 대화하기

자식이 부모와 소통할 때, 서로 열린 마음으로 대화하는 자세가 필요합니다. 자신의 마음을 열어 놓고 자기 생각과 감정을 자유롭게 표현할 수 있도록 노력해야 합니다.

④ 비판보다는 격려하기

부모는 자식에게 자신의 경험과 지식을 전수해주면서 자식을 격려하는 것이 중요합니다. 부모의 비판은 자식의 자존심을 상할 수 있으므로, 비판보다는 격려하는 말을 사용하는 것이 좋습니다.

"너, 그럴줄 알았다!"라며 비판할 것이 아니라 "그래도 지난번보다 이 부분이 더 좋아진 것 같은데?", "계속 노력하다 보면 분명히 더 잘할 수 있을거야." 하고 격려해주세요.

⑤ 피드백 제공하기

부모는 자식에게 피드백을 제공하면서 자식의 성장을 도와주어야 합니다. 자식의 노력을 인정하고, 그에 대한 피드백을 제공하는 것이 좋습니다.

따라서 결과만을 칭찬하기보다는 과정과 노력을 인정해주는 말이 무엇보다 필요합니다.

"잘했다. 최고다. 대단하다" 보다는, "끝까지 포기하지 않은 모습 멋졌다. 지난번보다 성장한 모습이 보기 좋다." 등의 표현으로 스스로 다시 일어서는 힘이 생기고, 자존감이 높아지도록 도와주어야 합니다.

위와 같은 방법들을 다채롭게 시도해본다면 부모와 자식 간의 소통의 부족함을 조금씩 채워나갈 수 있지 않을까요?

그들의 언어 들여다보기 :
신조어 테스트

자식 세대를 이해하려면 그 세대가 쓰는 언어를 이해해야 한다고 하죠?

요즘은 워낙에 신조어들이 많기도 하고, 금세 유행했다 금세 사라지기도 하니 어느 가정은 한국말로 대화하는데도 무슨 말인지 이해가 잘 안된다는 웃픈 사연들도 들려옵니다.

여러분은 신조어 얼마나 알고 계신가요? 지금부터 신조어 테스트를 한번 해보겠습니다.

먼저 초급입니다.

① 꿀잼
② 멘붕
③ 낄끼빠빠
④ 올킬
⑤ 졌잘싸
⑥ 눈물주의

⑦ 존맛탱

⑧ 이생망

⑨ 버카충

⑩ 카공족

자, 이 중 몇 가지나 알고 계신가요?

정답 확인해 볼까요?

① 꿀잼

달콤한+재미=매우 재미있는 것을 의미

유사어 : 빅잼-큰재미

② 멘붕

멘탈 붕괴=갑작스러운 충격이나 스트레스로 인해 멘탈이 붕괴
된 상태를 의미

③ 낄끼빠빠

낄 때 끼고 빠질 때 빠지는 센스. 주로 상사나 어른들에게 필요
한 센스

④ 올킬

모든+킬링, 성공=모든 것을 성공시켜 휩쓸다는 의미.

⑤ 졌잘싸

졌지만 잘 싸웠다. 최선을 다한 상황에서 사용

⑥ 눈물주의

감동적이거나 슬픈 영상을 볼 때 눈물이 날 수 있으니까 조심하라는 뜻

⑦ 존맛

존경(매우) + 맛있는 = 존맛. 매우 맛있는 것을 의미

⑧ 이생망

이번 생은 망했다 = 매우 실망스러운 상황, 시험을 망쳤거나, 다이어트에 실패했거나, 헤어스타일이 마음에 안 들었을 때 등등 사용

⑨ 버카충

버스 카드 충전

⑩ 카공족

카페에서 공부하는 사람들

자, 그럼 조금 난이도를 높여 보겠습니다.

① 중꺾마
② 회의주의자
③ 통모짜핫도그
④ 구취
⑤ 분좋카

⑥ 일취월장

⑦ 스라밸

⑧ 고진감래

⑨ 퇴준생

⑩ 좋못사

'갑자기 웬 외계어가 이렇게나 많이?'라고 생각하셨나요?

이 중에 몇 개나 알고 계셨는지 궁금합니다.

정답 알아볼까요?

① 중꺾마

중요한 것은 꺾이지 않는 마음. 어떠한 악조건이라도 포기하지 않는 마음가짐이 중요함을 의미.

② 회의주의자

틈만나면 별 의미 없는 회의를 소집하는 상사나 선배를 의미.

③ 통모짜핫도그

통 못자서 피곤한 상태를 의미.

④ 구취

유튜브 구독 취소

⑤ 분좋카

분위기 좋은 카페를 의미(유사어 공조카 : 공부하기 좋은 카페)

⑥ 일취월장

일요일에 취하면 월요일에 장난아님. (주말 음주는 적당히~)

⑦ 스라밸

공부(Study)+삶(Life)의 밸런스. 공부와 삶의 균형이 필요함을 의미.

⑧ 고진감래

고용해주셔서 진짜 감사한데 집에 갈래(퇴근을 기다리는 직장인의 마음을 의미)

⑨ 퇴준생

퇴사 준비생. (회사를 다니면서 퇴사를 준비하는 직장인을 의미)

⑩ 좋못사

좋아하다 못해 사랑해

신조어는 새로운 단어나 표현을 만들어 내는 창의성의 산물입니다. 특히 인터넷이나 소셜 미디어의 보급으로 빠르게 생겨나고, 퍼지고 있어서 어떤 문화나 사회적인 현상에 관한 대화나 소통이 훨씬 풍부해지는 데 기여하고 있죠.

하지만 동시에, 일부 신조어는 사용자들 사이에서만 통용되고, 너무 즉각적이고 순간적인 트렌드에 기반한 것들도 있기 때문에, 다수가 이해하지 못할 때도 있습니다. 또한 일부 신조어가 모욕적인 내용이 포함된 경우도 있기 때문에 주의가 필요합니다.

따라서, 우리는 새로운 언어나 표현이 나타날 때는, 그것이 어떤 맥락에서 사용되는 것인지, 무슨 의미인지 잘 파악해야만 합니다. 그래야 그것이 대화와 소통을 보다 즐겁고 효과적으로 만드는 데 도움을 줄 것입니다.

부부간의 소통
왜 그렇게 어려울까?

혹시 결혼을 하셨나요? 그렇다면 아래의 물음에 대해 고민해 보세요.

"요즘 부부 간 소통이 잘 되십니까?"
"10점 만점에 몇 점 정도 소통이 되고 있나요?"

부부간에 소통이 잘 이루어지면 서로의 마음을 이해하고 상황을 더 잘 처리할 수 있습니다.

가정 안에서 자녀는 부모의 대화방식을 그대로 학습하는 경우가 많아서 부부간에 긍정적인 대화방식은 굉장히 중요합니다.

부부간에 긍정적인 대화를 이어나가기 위해서는 남성과 여성은 많은 면에서 다르다는 인식이 무엇보다 우선되어야 합니다.

남성과 여성은 생물학적, 심리적, 문화적 차이 등 여러 가지 요인에 의해 서로 다른 사고방식을 갖고 있습니다.

얼마 전 한 TV 프로그램에 나온 여자 게스트가 남편이랑 백화점 쇼핑만 가면 남편이 어느새 사라지고 없다며, 남편에게 왜 그렇게 쇼핑을 싫어하냐고 물어보니 몇 시간이나 걸릴지 모르는 백화점 쇼핑은 마치 총 없이 전쟁터에 나가는 것과 같은 심정이라고 했다고 하더라고요. 시간 가는 줄 모르게 즐거운 백화점 쇼핑이 도대체 왜 그렇게 싫은지 모르겠다고 불만을 토로하는 모습을 보니 남일 같지 않았습니다.

그렇다면 지금부터 남자와 여자가 대체적으로 어떠한 사고방식의 차이를 보이는지 살펴보도록 하겠습니다.

① 문제 해결 방식의 차이

남성은 문제를 해결할 때 문제 해결에 대한 목표를 설정하고 그것을 달성하기 위해 가능한 한 논리적이고 분석적인 방식으로 접근하려고 합니다. 반면 여성은 다양한 가능성, 감정, 인간관계 등을 고려하고, 문제 해결의 맥락과 의미를 고려하는 경향이 있습니다.

"나 오늘 옆집 여자랑 싸웠어!"라고 했을 때 "아이고 당신 마음이 많이 불편하겠네."라고 해주면 되는데, "왜? 누가 잘못한 건데?"라고 잘잘못부터 가리려는 남편의 태도에 아내가 화를 내는 이유를 아시겠죠?

② 대화 방식의 차이

여성은 대화를 통해 서로의 관계를 구축하고 강화하려고 합니다. 그들은 대화에서 서로의 생각과 감정을 나누고 공감하며, 듣기와 말하기를 동시에 하려고 노력합니다. 이에 반해, 남성은 대화를 통해 문제 해결에 초점을 두는 경우가 많습니다. 그들은 문제 해결을 위해 대화를 하려 하며, 이 때문에 논리적인 주장과 자료 등에 더 많은 초점을 둡니다.

그래서 가끔 "그래서 어떻게 한다고? 결론이 뭔데?"라는 말로 아내들을 화나게 만들곤 하죠. 아내들은 결론이 중요한 것이 아니라 그 과정에서의 내가 느낀 감정, 상황, 그때의 그 마음을 이해해 주기를 바라는 겁니다.

③ 의사 결정 방식의 차이

보통 여성은 의사 결정을 할 때, 여러 가지 대안을 고려하고 가능한 한 많은 정보를 수집하는 경향이 있습니다. 그리고 자신의 직관과 감정적인 요소도 의사 결정을 하는 데 있어서 중요하게 작용합니다. 반면 남성은 의사 결정할 때보다 단호한 결정을 내리는 경향이 있습니다. 빠른 시간 안에 문제를 해결하고 싶어 하고, 이에 대한 책임을 지는 것을 좋아하며, 이를 위해 대담한 결정을 내리려고 합니다.

친구들과 부부동반 모임장소 하나를 정함에 있어서도 아내는 날씨, 옷차림, 분위기 등을 따져 보고, 고민해 볼 것이 너무나 많은데, 남편은 "그냥 아무 데나 정하면 되지 뭘 그런 걸 그렇게 고민하고 그래." 하며 속도 모르는 소리를 해대니 아내들이 "으이그! 됐다, 됐어!" 하는 겁니다.

이러한 차이는 모든 남성과 여성에게 적용되는 것은 아니며, 개인의 성격, 문화적 배경, 경험 등에 따라 다를 수 있습니다. 그러나 이러한 보편적인 남성과 여성의 차이를 이해하고 존중하는 것은 부부 사이 갈등을 줄이는 데 도움이 될 수 있습니다.

남성과 여성 대화의 차이

남성과 여성은 대화할 때도 차이가 있을 수 있습니다.

① 대화 주제

여성은 대화 주제를 다양하게 선택하고, 대화를 통해 상대방과의 관계를 발전시키기 위해 대화하려고 합니다. 반면에 남성은 대화 주제를 목적 지향적으로 선택하고, 문제 해결을 위해 대화하려고 합니다.

② 대화 스타일

여성은 대화할 때 상대방의 감정이나 의견을 수용하고 공감하는 스타일이 많습니다. 그리고 대화하면서 자신의 감정을 표현하기도 합니다. 반면에 남성은 대화할 때 보다 목적 지향적으로 접근하며, 감정적인 표현을 줄이고 문제 해결에 집중하는 경향이 있습니다.

③ 대화 속도와 양

여성은 일반적으로 더 빠르게, 많은 양의 대화를 합니다. 반면에 남성은 좀 더 천천히, 정확하게 대화를 나누는 경향이 있습니다. 1991년에 데보라 테넌(Deborah Tannen)이 발표한 「You Just Don't Understand : Women and Men in Conversation」 연구에서 테넌은 여성과 남성 간의 대화 스타일과 차이점을 다루었으며, 여성과 남성 간의 대화에서 언어 사용, 비언어적 요소, 대화 구조 등의 차이를 분석하고 설명하였습니다.

해당 연구에 따르면 평균적으로 여성은 분당 약 250단어를 사용하고, 남성은 분당 약 125단어를 사용한다고 합니다. 또 다른 연구서는 여성은 평균적으로 분당 200-400단어를 사용하고, 남성은 분당 125-250단어를 사용한다고 밝히기도 했습니다.

하지만, 이러한 결과는 단순히 대화 속도만을 고려한 것이며, 커뮤니케이션 스타일, 말하는 내용의 종류, 상황, 문화적 요인 등에 따라 차이가 있을 수 있습니다. 따라서, 일반화하기는 어렵지만, 일반적으로 여성은 남성보다 대화 속도가 빠르다는 것은 맞는 것으로 받아들일 수 있습니다.

④ 비언어적 요소

여성은 말과 함께 손짓, 표정, 몸짓 등의 비언어적 요소를 사용해 대화합니다. 이러한 요소들은 상대방의 의도나 감정을 더 쉽게 파악하도록 돕습니다. 반면에 남성은 일반적으로 이러한 비언어적 요소를 비교적 덜 사용합니다.

이러한 차이점들은 모든 남성과 여성에게 규칙적으로 적용되는 것은 아닙니다. 개인에 따라 차이가 있을 수 있으며, 문화, 교육, 경험 등 다양한 요인에 의해 영향을 받을 수 있습니다. 하지만 이러한 차이점을 이해하고 서로 간의 대화를 존중하며 이해하는 것이 서로 간의 의사소통을 원활하게 하는 데 도움이 되는 것은 분명합니다.

건강한 부부의 공감 소통법

이러한 차이들을 기반으로 하여 부부간에 소통을 잘하는 방법 몇 가지를 소개해드리겠습니다.

서로 '존중'하기

우선 서로를 존중하고 상대방의 의견이나 생각을 경청하는 것이 매우 중요합니다. 대화할 때는 서로의 의견을 존중하고 이해하려고 노력해야 합니다.

'그래, 나와 생각이 다를 수도 있지.', '이런 감정을 이해 못할 수도 있지.'라고 생각하며, 서로의 다름을 인정하고 서로의 다름을 존중해주어야 대화가 이어질 수 있습니다.

'대화의 시간' 갖기

자녀와 대화시간을 따로 가졌던 것처럼, 배우자와도 하루 중 시간을 따로 마련해서 대화할 시간을 만드는 것이 중요합니다. 일상적인 대화를 나누는 것뿐만 아니라, 서로가 표현하지 못하고 마음에 묻어놓은 것이나 걱정하는 것 등을 솔직하게 이야기할 수 있는 시간을 가져보세요.

예를 들면 '저녁 8:00~8:20 부부 대화의 시간'으로 지정하고 그 시간에는 스마트폰은 잠시 내려놓고 서로의 눈을 바라보며 대화에 집중해보는 겁니다.

'솔직'하게 대화하기

서로 솔직하게 대화하는 것이 중요합니다. 서로의 마음속에 있는 감정이나 생각을 공유하는 것이 좋습니다. 참는 것이 능사가 아닙니다. 그때그때 표현하다 보면 서로를 더 잘 이해하고 갈등을 더 빨리 해결할 수 있습니다.

"당신 지금 내가 왜 화났는지 몰라서 그래?"

"왜 화났는지 말해야 알지." 말하지 않으면 알 수가 없습니다.

"아까 사람들 앞에서 '맨날 집에서 놀죠?'라고 표현한 부분은 나를 무시하는 것 같아서 기분이 나빴어. 나도 집에서 하는 일들이 많고 바쁜데, 내가 하는 모든 일들이 부질없이 느껴져서 속이 상하네" 이렇게 표현해주셔야 어떤 부분이 잘못되었고 앞으로 어떻게 고쳐야 하는지 답을 찾을 수 있습니다.

화가 나도 '비난하지 않기'

상대방을 비난하는 말을 하지 않는 것이 중요합니다.

"당신 때문에", "당신만 아니었어도", "당신이 그것밖에 못 해줘서" 등등 서로를 비난하는 말은 가슴 속 깊은 곳에 생채기를 내고 그 상처는 쉬이 아물지 않습니다.

이렇게 비난의 말로 상처를 주기보다는 "당신이 이렇게 말하니까 내 기분이 좀 상하네. 앞으로는 이렇게 말해주면 좋겠어.", "당신이 기념일을 기억하지 못해서 좀 속상했어. 앞으로는 내가 며칠 전에 미리 말해줄게. 잊지 말고 꼭 챙겨줬으면 좋겠어." 등등 주어진 상황에 대해 생각이나 감정을 솔직하게 말하고 해결책을 함께 찾아보는 것이 좋습니다.

놀이나 취미 활동 '함께'하기

부부가 취미가 같은 건 참으로 즐겁고 감사한 일입니다. 좋아하는 것이 같으면 공통의 관심사로 인해 대화거리도 많아지고, 자연스럽게 관계도 좋아집니다. 서로 즐거운 놀이나 여가 활동을 함께 하는 것은 서로를 더 잘 이해하고 상대방을 더 잘 지지할 수 있게 해줍니다.

그리고 꼭 같이 하지 않더라도 서로의 취미에 대해 관심을 가져주는 태도가 필요합니다.

"당신은 낚시 하면서 어떨 때 기분이 가장 좋아?"

"당신 에어로빅 하고 나면 스트레스가 좀 풀려?"

이렇게 질문을 통해 상대방의 취미 활동에 관심을 표현하고, 그러다 보면 자연스럽게 대화가 이어지면서 부부간 대화거리가 많아지는 겁니다. 서로의 일상에 관심을 갖는 것, 그것도 사랑입니다.

대화 중 갈등이 일어나면 '잠시 쉬어가기'

대화 중 갈등이 일어날 경우, 서로 숨을 돌리고 잠시 쉬어가는 것이 좋습니다. 심한 말이 입 밖으로 나올 것 같을 때, 큰소리를 낼 것 같을 때, 감정이 상해 욱해서 막말이 나올 것 같을 때는 잠시 멈추고 그 자리를 떠나 심호흡을 해도 좋고, 아예 한 숨자는 것도 도움이 됩니다. 이렇게 갈등이 일어났을 때 잠시 쉬었다가 다시 대화를 이어 나가면 갈등이 일어난 원인도 객관적으로 파악할 수 있고, 막말로 인해 상대방에게 상처를 주고 후회하는 일도 예방할 수 있습니다.

서로에게 '칭찬과 격려의 말' 해주기

상대방이 노력하는 것에 대해 인정하고 칭찬하는 것은 부부 사이에도 꼭 필요한 자세입니다. '말 안 해도 알겠지, 함께 산 세월이 얼만데~' 하며 칭찬도 격려도 마음속으로만 하고 있다면, 지금 당장 얼굴을 마주하고 눈을 마주치며 소리 내서 표현해 주세요. "당신이 내 곁에 있어 줘서 얼마나 큰 힘이 되는지 몰라.", " 늘 내 이야기에 귀 기울여줘서 고마워.", " 오늘도 맛있는 반찬에 밥을 먹을 수 있게 해줘서 정말 고마워"라고 이야기해주세요. 칭찬과 격려는 가뭄에 단비처럼 척박해진 마음을 촉촉이 적셔주는 좋은 치료제입니다. 자, 지금 당장 남편의, 아내의 손을 잡고 말하세요. 고맙다고. 사랑한다고. 행복하다고.

이렇게 부부가 함께 소통하려고 노력한다면 서로를 이해하고 지지하며 건강한 부부 관계를 유지할 수 있습니다.

지금까지 나를 빛나게 하는 셀프리더십을 발휘하기 위해 여러 가지 상황과 관계 속에서 소통할 수 있는 다양한 방법들을 나눠보았는데요. 다음 챕터에서는 이것들을 종합해서 정리를 해보겠습니다.

소통을 잘하는 사람들의
5가지 특징

공감

소통에 있어 공감 능력은 매우 중요하고, 또 큰 힘을 발휘합니다. '공감(sympathy)'의 사전적 정의는 타인의 감정, 의견, 주장 따위에 대해 자기도 그렇다고 느끼거나 그렇게 느끼는 기분입니다.

상사-부하직원 간의 대화

부하직원이 "이번 프로젝트는 너무 어려운 것 같아요."라고 말하는데 여기다 기껏 한다는 말이 이렇다면 어떨까요?

상사 : 어렵긴 뭐가 어려워, 나 때는 이보다 더 어려운 것도 척척 했는데~

이렇게 꼰대력을 과시한다면 그 부하직원은 아마 다음부터 당신과 대화하기를 거부할 겁니다. 이때는 부하직원의 마음을 공감해주는 것이 좋겠죠.

부하직원 : 이번 프로젝트는 너무 어려운 것 같아요.

상사 : "그래~ 처음이라 아마 어려서 울 거야. 감이 잘 안 오지? 혹시 하
다가 잘 안되면 작년에 진행한 ○○ 프로젝트나, 올해 진행했던 ○○
프로젝트 내용 한번 살펴봐. 그래도 모르겠으면 다시 물어보고~"

이 얼마나 아름다운 대화입니까? 공감도 해주고, 업무의 방향성
도 알려주고, 사용할 수 있는 자원이나 정보도 가르쳐주니, 엄지
척 최고의 상사로 등극하는 것은 시간문제입니다.

부모-자식 간의 대화

아이가 "엄마! 나 학교 끝나고 학원 다니는 거 너무 피곤하고 힘
들어"라고 어느 날 아이가 이야기합니다. 이때 엄마가 세상 큰일
이 난 것처럼 소리치면서 이렇게 얘기하면 어떨까요?

엄마 : "공부가 힘들어? 밥하고 빨래하고 청소하는 나도 있고, 밖에서
종일 일하는 아빠도 있는데 네가 힘들다는 소리가 나와? 학원 다니고
싶어도 못 다니는 친구들을 봐. 복에 겨운 소리를 하고 있어! 잔소리
말고 공부나 열심히 해!"

어떻습니까. 가슴이 절로 답답해지지 않나요?

이때는 이렇게 말해 주는 것이 좋겠죠.

금쪽이 : 엄마! 나 학교 끝나고 학원 다니는 거 너무 피곤하고 힘들어.

엄마 : 그래~ 학교에서 종일 앉아서 공부하고, 학원 가서 또 하려니까 많이 힘들지? 애쓴다, 우리 금쪽이. 엄마가 달콤한 과일이라도 깎아 줄까?

이렇게 공감의 말 한마디 해주면 됩니다. 아이들도 알거든요. 학원은 다녀야 하는 거고, 공부는 해야 한다는 걸요. 그래서 그냥 알아주라고 잠시 푸념 한 번 한 것뿐인데 엄마가 그 마음도 몰라주고 득달같이 달려들어 혼을 내면 아이는 엄마와의 대화가 점점 재미가 없어집니다. 그러니 부모보다 친구들과 더 깊은 속 이야기를 나누고, 중요한 일들을 부모가 아닌 친구들과 의논하게 되는 거죠. 왜냐면 친구들은 혼내지 않고 공감해 주거든요.

고객-사장님 간의 대화

고객이 "사장님, 국이 좀 짠 것 같은데요?"라고 서비스로 나간 국의 간에 관해 불만을 이야기하는 상황입니다. 이때 사장님이 이렇게 대처하면 어떨까요?

사장님 : "국이 짜다고요? 그럴 리가 없는데. 다른 손님들은 아무 말도 안 하시던데. 손님이 평소에 좀 싱겁게 드시는 거 아니에요?"

이렇게 받아치며 '서비스로 준 국이니 잔소리 말고 먹어라.'라는 태도로 대화를 이어 나가시면 그 손님과는 영영 이별인 겁니다.

이 대화를 공감의 대화로 바꿔볼까요?

고객 : "사장님. 국이 좀 짠 것 같은데요?"
사장님 : "아 손님, 국이 좀 짠 것 같으시다고요? 아이고 저희가 간을 맞춘다고 맞췄는데 이번에 국이 좀 짜게 만들어졌나 봅니다. 다시 만들어다 드릴까요?"

이렇게 응대를 하고 주방에 이야기해서 국 간을 다시 보면 되는 겁니다.

고객의 말을 반박할 필요도, 부정할 필요도 없습니다. 우선 인정하고 공감하시면 고객의 마음을 상하게 할 일도, 컴플레인이 발생할 일도 사전에 차단할 수 있습니다.

긍정어

소통을 잘하는 사람들의 두 번째 특징은 긍정어를 사용한다는 것인데요.

"아니요, 그게 아니라." 보다는 "맞아요, 그렇죠. 그럴 수 있겠네요."와 같은 긍정어를 자주 사용합니다.

본인과 생각이 다른 사람과 대화를 나눌 때도, 또 부정적인 상황에서도 부정어보다는 긍정어를 선택합니다.

상황별로 예를 들어보겠습니다.

상사-부하직원 간의 대화

상사 : 자네 지난번 이야기했던 프로젝트 보고서 마무리되었나? (아직 마감 기한 안 지났음)

부정이 : 아니요, 과장님. 그거 아직 마감 기한 안 지났는데요.

상사 : 이야기한 지가 언젠데 아직이야!

부정이 : 아니 그게 아니라, 아직 마감 기한 남았는데….

자, 이런 상황에서 긍정어를 사용하면 어떻게 상황이 바뀔까요?

상사 : 자네 지난번 이야기했던 프로젝트 보고서 마무리되었나? (역시 마감 기한 남아있음)

긍정이 : 네, 과장님. 지금 거의 70% 정도 진행되고 있습니다.

상사 : 그래? 그거 마감이 언제까지랬지?

긍정이 : 네, 과장님. 다음 주 목요일까지입니다. 제가 다음 주 월요일 까지 우선 정리해서 중간 보고드려도 될까요?

상사 : 응, 알았네. 수고! (음, 일을 열심히 하고 있구만)

어떤가요~ 부정이도 긍정이도 모두 아직 보고서 마무리를 못한 상황이지만 부정이는 핀잔을 듣고, 긍정이는 수고하라는 격려를 들었습니다. 이것이 바로 긍정어의 힘입니다.

다음은 부모와 자식 간의 대화 속으로 들어가 보겠습니다.

부모-자식 간의 대화

부모 : 금쪽아~ 너 엄마가 숙제 먼저 하고 핸드폰 하라고 했지! 왜 너는 맨날 약속을 안 지키니?

금쪽이 : 아니 내가 뭐 맨날 약속을 안 지켜. 지킬 때도 있잖아! 엄마는 왜 맨날 엄마 마음대로 생각해?

부모 : 뭐야? 너 엄마한테 말버릇이 그게 뭐야? 엄마가 언제 엄마 마음대로 생각했어?

금쪽이 : 방금도 그랬잖아! 내가 맨날 약속 안 지킨다고 말하고! 지난번에 숙제 먼저 하고 핸드폰 한 적도 있거든?

부모 : 아이고, 잘났다 잘났어! 그럼 숙제 먼저 하고 핸드폰 하는 게 당연한 거지 그게 뭐 그리 대단하다고 큰소리야?

자, 이 대화 어떻습니까? 부모도 자녀도 모두 부정적인 화법을 사용하고 있습니다.

다음 상황이 훤히 보이시죠?

분명 엄마는 화가 나서 울그락불그락 혈압이 올랐을 테고, 아이는 방문을 쾅 닫고 방으로 들어가 버렸을 겁니다.

이 대화를 긍정어로 한번 바꿔서 나눠볼까요?

부모 : 금쪽아, 뭐 하고 있어? 우리 금쪽이 숙제는 어디까지 한 거야?

(휴대폰을 하고 있는 것이 눈에 보이지만, 숙제 상태먼저 확인)

금쪽이 : 응, 엄마. 나 국어는 다 끝냈고, 수학만 하면 돼.

부모 : 응, 그랬구나. 수학은 왜 아직 못한 거야?

금쪽이 : 응, 엄마. 국어 마치고 잠깐 메시지만 확인하려다가 나도 모르게 계속하고 있었네? 미안해. 바로 끄고 수학 숙제할게.

엄마 : 응, 그래 금쪽아. 스스로 핸드폰 끄고 숙제한다니 기특하네! 우리 금쪽이.

금쪽이 : 뭘 이 정도로. 내일부터는 꼭 숙제 다 마치고 핸드폰 할게요.

어때요? 아름다운 마무리죠?

고객-사장님 간의 대화

마지막은 고객과 사장님 사이에 벌어지는 상황입니다.

고객 : (신경질적으로) 사장님. 저희 테이블 좀 저쪽으로 옮겨주세요.

사장님 : (귀찮은 듯이) 아 지금요? 식사도 거의 다 하신 것 같은데 그냥 드시죠.

고객 : (짜증스럽게) 아니, 이 자리 바람이 너무 많이 들어와서 춥단 말이에요!

사장님 : (비꼬듯이) 아니, 히터도 빵빵하게 틀어놨는데 춥다뇨? 몸이 어디 안 좋으신 거 아니에요?

이 대화 어떻습니까? 지금 둘 다 싸우자는 거죠?
이 대화를 긍정어로 바꿔보겠습니다.

고객 : 사장님, 저희 이 자리가 바람이 좀 많이 들어와서 그러는데 혹시 테이블 좀 저쪽으로 옮겨주실 수 있을까요?

사장님 : 네, 고객님. 바람이 많이 들어오셨어요? 식사하시는데 추워서 불편하셨겠어요.

고객 : 아, 좀 춥긴 하더라구요. 지금 자리 옮기려면 좀 번거롭겠죠?

사장님 : 아이고, 번거롭긴요. 잠시만 기다려주시면 바로 옮겨드리겠습니다.

고객 : 아니, 저희 밥도 거의 다 먹었는데, 그냥 여기서 먹을게요.

사장님 : 아, 괜찮으시겠어요? 무릎담요라도 가져다드릴까요?

고객 : 네, 무릎담요 있으시면 부탁드릴게요.

이 대화는 어떤가요? 굉장히 서로를 배려한다는 느낌이 들죠? 서로가 기분 좋은 대화. 아마 이 고객은 다음에도 이 식당에 식사하러 올 것 같습니다.

기억과 질문

소통을 잘하는 사람들의 세 번째와 네 번째 특징은 상대방이 했던 말을 기억하고 그것을 기반으로 질문을 하는 것입니다.

"부장님~ 지난번 회의에서 A 부분을 B로 바꾸는 것도 좋을 것 같다고 하셔서 그 안으로 한번 바꿔서 계획안 짜봤습니다."
"우리 금쪽이가 BTS 멤버 중에 지민이 팬이라고 했지? 엄마가 지민이 찾아봤는데 진짜 잘생기고 멋지더라."
"사장님, 지난번처럼 뒤쪽은 남기고 옆머리는 짧게 잘라드릴까요?"

이 3가지 대화의 공통점은 지난 대화에서 상대방이 했던 말을 흘려듣지 않고 잘 기억했다가 이번 대화에 사용했다는 것입니다. 내가 했던 말을 잊지 않고 기억하고 있으면서 그 기억을 기반으로 질문을 던지는 대화는 굉장히 좋은 인식을 갖게 합니다.

'아, 내 말을 경청했구나.', '내 의견을 존중해줬구나.', '내 이야기에 관심이 있었구나.' 하고, 긍정적인 마음으로 대화를 이어 나가게 되지요.

따라서 우리는 누군가와 대화를 나눌 때, 그 대화에 집중하고 그 대화의 중요한 키워드들을 기억해야 합니다. 기억이 어렵다면 메모를 해두는 것도 방법이겠죠?

그만큼 상대방의 말을 기억한다는 것이 어렵다는 말이기도 합니다. 온전히 내 신경과 에너지를 집중하지 않으면 쉬이 다른 생각이 머릿속을 채우게 되고, 그러다 보면 나눴던 대화 대부분이 소멸되고 말거든요.

대화를 할 때는 그냥 듣지 말고, 귀 기울여 듣는 경청(傾聽)을 해야 합니다.

존중과 수용

소통을 잘하는 사람들의 마지막 다섯 번째 특징은 상대방의 의견이 나와 다르더라도 존중하고 수용하는 것인데요.

잘못된 정보, 나와 다른 생각, 오해하는 말을 하더라도, 그 즉시 반박하거나 부정하거나 옳고 그름을 따지지 않습니다.

보통 우리는 그러한 상황에서
"어디서 들으셨어요?" (출처 확인), "확실해요?"(팩트 체크), "잘못 알고 계신 것 같은데요?" (상대방의 잘못 확인시키기) 등의 말로 날카롭게 따져들며 상황을 악화시키곤 합니다.

하지만 대화가 잘 통하는 사람들은 이러한 상황에서도 스킬을 발휘하죠.

"아, 그렇게 들으셨어요? 그 부분은 이렇게 진행되고 있답니다."
"아, 그렇게 알고 계셨어요? 저희가 그 서비스는 이렇게 시행되고 있거든요~"

"아, 그렇게 이해하셨어요? 그 부분 화면 보시면서 다시 한번 설명해 드려도 될까요?"

상대방이 했던 말을 일단 인정하고 수용해주면 갈등과 부정적 감정은 줄어들고, 오히려 자신의 잘못된 생각이나, 정보나, 인식을 깨닫고 받아들이게 됩니다.

여러분은 평소에 이 5가지 대화법을 사용하고 계셨나요? 그동안 부정적이고 냉소적인 대화법을 사용하고 계셨었다면 오늘부터 이 5가지 대화법으로 대화를 시도해보시는 건 어떨까요?

소통을 잘하는 사람들의 특징 5가지

1. 공감을 잘한다.
2. 긍정어를 사용한다.
3. 상대방이 했던 말을 잘 기억한다.
4. 질문을 잘한다.
5. 상대방의 의견을 존중하고 수용한다.

PART
6

나 자신과의 소통

PART 5까지는 타인과 소통하는 법에 집중했다면 지금부터는 나 자신과의 소통에 대한 이야기를 한번 해볼까 합니다.

나 자신과의 소통은 매우 중요합니다. 사실 타인과의 소통에 앞서 먼저 자기 스스로와의 소통이 더 선행되어야 하는데요. 자신과의 소통은 삶을 살아가는 데 있어 다양한 부분에서 힘을 발휘합니다.

① 자기 이해와 성장에 도움이 됩니다.

자신과 소통하면 자신의 생각, 감정, 욕구, 목표 등을 더 잘 이해하고, 이를 바탕으로 성장할 수 있습니다.

② 스트레스와 감정 조절에 도움이 됩니다.

자신과 소통하면 스트레스와 감정을 더 잘 조절할 수 있습니다.

자신이 무엇을 원하고, 어떤 상황에서 스트레스를 더 많이 느끼는지를 파악할 수 있기 때문입니다.

③ 자신의 가치와 존재감을 느낄 수 있습니다.

자신과 소통하면 자신의 가치와 존재감을 더욱 뚜렷하게 느낄 수 있습니다. 이는 자신에 대한 자신감을 높이고, 삶에 대한 만족도를 높일 수 있습니다.

④ 타인과의 관계에도 도움이 됩니다.

자신과 소통을 잘하는 사람은 타인과의 관계에서도 더 잘 소통하고, 더 적극적으로 대화하며, 더 좋은 관계를 유지할 수 있습니다.

⑤ 문제 해결에 도움이 됩니다.

자신과 소통하면 문제를 해결하는 데 있어서 더욱 창의적이고 융통성 있는 방법을 찾을 수 있습니다. 또한, 문제를 해결하기 위해 자신의 욕구와 목표를 더 명확하게 파악할 수 있습니다.

따라서, 자신과의 소통은 자기 삶을 더욱 풍요롭고 의미 있는 삶으로 만드는 데 매우 중요한 역할을 합니다.

여러분은 혹시 어떤 실수를 저질렀을 때 어떻게 반응하는 편이산가요? 우리가 살다 보면 크고 작은 실수들을 저지르고, 그 과정에서 배우기도 하고 성장하기도 하는데요.

예를 들어 어느 날 택배를 주문했는데, 바로 전 주문에서 주소지가 변경된 것을 깜빡하고 다른 주소로 배송을 시킨 상황입니다.

A는 이렇게 생각합니다.

'주소지 확인하는 것을 깜빡했네. 다음부터는 주문을 완료하기 전에 주소지를 다시 한번 확인해야겠다. 좀 번거롭긴 해도 잘못 주문한 거니까 찾으러 다녀와야지 뭐. 그래도 상하거나 변질되는 제품이 아니라 다행이네.'

B는 이렇게 생각합니다.

'아, 진짜 정신머리를 어디다 두고 다니는 거야. 왜 이렇게 되는 일이 없을까? 아 귀찮아. 왜 나는 맨날 이럴까?'

여러분은 어떤 쪽이신가요?

A는 실수에 대해 인정하고, 잘못된 부분을 인지한 후, 그 상황 속에서 긍정적인 면을 찾습니다.

하지만 B는 자신을 탓하고, 하나의 실수를 모든 일에 일어나는 영속적이고 보편적인 일처럼 받아들입니다.

여러분은 평소에 실수에 대해 어떤 태도를 갖고 계신가요?

'아 또 실수했네', '다음에는 조심해야지', 하거나, '아 실수하면 안 되는데 어쩌지.'라고 조바심 내며 전전긍긍하는 등 우리는 저마다 실수에 대해 갖는 태도나 성향이 다른데요.

실수를 대하는 태도는 회복탄력성과 연관이 있다고 합니다.

나를 일으켜 세우는 마음 근력의 힘 : 회복탄력성

회복탄력성(Resilience)은 어려움이나 스트레스 상황에서 빠르게 회복하는 능력을 말합니다. 다른 말로는 회복력이나 복구력이라고도 합니다.

이러한 회복탄력성은 개인이 어려운 상황에서 자신을 회복하고 다시 일상생활에 잘 적응할 수 있도록 도와줍니다. 이는 우리가 일상적으로 마주치는 각종 스트레스 상황에서 더 빠르게 회복하고 다시 평상시로 돌아가는 것을 가능케 합니다.

회복탄력성은 육체적인 면뿐만 아니라 정신적인 면에서도 중요한 역할을 합니다. 회복탄력성이 높은 사람들은 스트레스에 노출되었을 때 쉽게 좌절하지 않고, 긍정적인 태도와 신념을 유지하며 다시 일어날 수 있는 능력을 갖추고 있습니다. 이러한 탄력성은 행복한 삶을 위해서도 중요한 요소 중 하나입니다.

평소에 실수를 대하는 긍정적인 태도에서 회복탄력성이 높은 사람과 낮은 사람에 차이가 난다고 합니다.

　회복탄력성이 높은 사람은 실수를 두려워하지 않는다고 합니다. 자신의 실수에 대해서 스스로 민감하게 알아차리는 뇌를 가지고 있고, 실수로부터 피드백을 적극적으로 받아들이는 습관을 갖고 있으며, 같은 실수를 반복하지 않는다고 합니다.

　반면에 회복탄력성이 낮은 사람은 실수를 지나치게 두려워하고 실수를 했을 경우 그들의 뇌는 민감하게 반응하지 않는다고 합니다. 실수를 억누르고 무시하려는 무의식이 작동하고, 같은 실수를 반복하는 경향이 있다고 합니다.

회복탄력성 3가지 구성요소

　김주환 교수님의 『회복탄력성 - 시련을 행운으로 바꾸는 마음 근력의 힘』에서는 회복탄력성이 3가지로 이루어져 있다고 설명합니다.

　① 자기조절능력(Self-Regulation)

　자기조절능력은 개인이 자신의 감정, 행동, 성격, 인지, 운동 등을 효과적으로 제어할 수 있는 능력입니다. 스트레스 상황에서는 자기조절능력이 필수적으로 요구됩니다. 자신의 감정과 행동을 제어하며, 상황을 분석하고 조절할 수 있는 능력은 스트레스와 어려움에 대처하는 데 큰 도움이 됩니다.

② 대인관계 기술(Interpersonal Skills)

대인관계 기술은 다른 사람들과의 상호작용에서 필요한 기술입니다. 대인관계 기술은 상대방의 감정에 공감하고, 이해하며, 적절하게 대처할 수 있는 능력을 의미합니다. 대인관계 기술은 다른 사람들과의 관계를 유지하고 강화하기 위한 중요한 요소입니다. 이는 스트레스를 완화하는 데 큰 역할을 합니다.

③ 긍정성(Positivity)

긍정성은 좋은 생각과 긍정적인 태도를 가지고 어려움에 대처할 수 있는 능력입니다. 긍정적인 사고를 하면, 스트레스와 어려움을 극복하고, 문제에 대한 해결책을 찾을 수 있습니다. 긍정적인 태도는 자신감과 적극성을 증진시키며, 회복탄력성을 향상하는 데 도움이 됩니다.

이들 요소들은 서로 연결되어 있으며, 서로 영향을 미치기도 합니다. 자기조절능력을 향상시키면, 대인관계 기술과 긍정성도 함께 향상되며, 대인관계 기술과 긍정성을 향상시키면, 자기조절능력도 함께 향상됩니다. 이중 가장 영향력이 큰 것은 긍정성이라고 합니다. 긍정성이 향상되면 자기조절능력과 대인 관계기술 두 가지 모두 자동으로 향상된다고 합니다.

그렇다면 긍정성을 향상시키는 방법은 어떤 것들이 있을까요?

긍정성 향상시키기 :
강철멘탈로 거듭나기

긍정성을 향상시키는 방법은 여러 가지가 있습니다. 일상적인 삶에서 긍정적인 태도를 유지하고자 노력하는 것이 중요합니다. 이를 위해 다음과 같은 방법들이 도움이 될 수 있습니다.

감사의 마음 유지하기

감사의 마음을 유지하는 것은 우리의 삶과 건강에 많은 도움을 줄 수 있습니다.

우선, 감사의 마음을 유지하는 것은 우리의 긍정적인 마인드셋을 강화합니다. 우리가 감사의 마음을 가지면, 자연스럽게 긍정적인 생각과 감정을 불러일으킵니다. 이렇게 긍정적인 마인드셋을 강화함으로써, 우리는 스트레스와 불안을 줄이고, 우울증 예방에도 도움을 받을 수 있습니다.

그리고, 감사의 마음을 유지하는 것은 우리의 사회적 관계를 개선하는 데도 도움이 됩니다. 우리가 감사의 마음을 가지면, 우리는 우리 주변의 사람들에게 감사를 표현하게 됩니다. 이렇게 함으로써, 우리는 우리 주변의 사람들과 더욱 가까워지며, 사회적 관계를 개선할 수 있습니다.

또한, 감사의 마음을 유지하는 것은 우리의 신체 건강에도 도움을 줄 수 있습니다. 최근 연구에 따르면, 감사의 마음을 유지하는 것은 우리의 면역 체계와 심혈관 건강을 개선하는 데 도움을 줄 수 있다는 것이 밝혀졌습니다.

면역 체계와 감사의 관련성을 연구한 연구가 있습니다. 이 결과는 2015년에 발표된 「The Role of Gratitude in Spiritual Well-Being in Asymptomatic Heart Failure Patients」라는 논문에서 소개되었습니다. 이 연구에서는 감사의 마음을 가지고 살아가는 것이 심장 건강에 긍정적인 영향을 미친다고 밝혔습니다.

또한, 감사와 우울증 예방에 대한 연구도 진행되었는데요. 2018년에 발표된 「Gratitude and Well-Being : A Review and Theoretical Integration」라는 논문에서는 감사의 마음이 우울증 예방에 도움이 된다는 것이 밝혀졌습니다. 이 연구는 감사의 마음을 가지는 것이 우울증 예방에 도움이 된다는 것을 보여주고 있습니다.

이러한 연구들은 감사의 마음이 우리의 삶과 건강에 긍정적인 영향을 미친다는 것을 보여줍니다.

마지막으로, 감사의 마음을 유지하는 것은 우리가 더 나은 삶을 살아갈 수 있도록 도와줍니다. 우리가 감사의 마음을 가지면, 우리는 우리가 가진 것들에 대해 더욱 감사하고, 더욱 만족할 수 있습니다. 이렇게 우리가 더 나은 삶을 살아갈 수 있으면, 우리는 더 많은 성취와 만족감을 느끼며, 더 많은 성공을 이룰 수 있습니다.

일상적으로 느끼는 감사함을 인식하고, 그것에게 감사하는 마음을 가져보는건 어떨까요?

긍정적인 자료 소비하기

긍정적인 영상, 글, 음악 등을 소비하고, 긍정적인 정보를 수집하는 것입니다. 긍정적인 자료를 소비하는 것은 우리의 정서와 마음에 긍정적인 영향을 미칠 뿐 아니라, 심리적, 신체적 건강에도 도움이 될 수 있습니다.

첫째, 긍정적인 자료는 긍정적인 감정과 생각을 자극시킵니다. 우리가 긍정적인 자료를 볼 때, 우리의 뇌는 쾌감을 느끼며 세로토닌과 도파민 같은 긍정적인 뇌 화학물질을 분비합니다. 이러한 화학물질은 우리가 더욱 긍정적이고 자신감 있게 생각하며, 스트레스를 줄이고, 우울증을 예방하는 데 도움을 줄 수 있습니다.

둘째, 긍정적인 자료를 소비함으로써 우리는 건강한 생활습관을 형성할 수 있습니다. 긍정적인 자료를 보는 것은 건강한 삶에 대한 동기부여를 주고, 우리가 더욱 건강한 선택을 할 수 있도록 도와줍니다. 예를 들어, 우리가 운동 동기부여를 위해 건강한 라이프스타일을 보여주는 영상을 지속적으로 보면, 우리는 운동을 시작하고 건강한 식습관을 만들기 위해 노력할 가능성이 높아집니다.

따라서, 긍정적인 자료를 소비하는 것은 우리가 좀 더 긍정적인 마인드셋을 형성하고 건강한 삶을 살아가는 데 도움이 될 수 있습니다.

여러분도 좋은 영상을 보고, 좋은 글을 읽고, 좋은 말을 많이 들어시길 바랍니다.

긍정적인 생각 유지하기

긍정적인 생각을 유지하는 것은 우리의 삶과 건강에 많은 도움이 됩니다.

스트레스 감소

긍정적인 생각을 유지하는 것은 스트레스 수준을 낮출 수 있습니다. 긍정적인 생각을 통해 우리는 문제에 대한 관점을 바꿀 수 있으며, 이는 스트레스를 완화시키는 효과가 있습니다.

자기 자신에 대한 자신감 향상

긍정적인 생각을 유지하는 것은 자신에 대한 자신감을 향상시키는 데 도움이 됩니다. 긍정적인 생각을 통해 우리는 자신의 능력과 자신의 가치를 인식할 수 있으며, 이를 통해 자신감을 강화할 수 있습니다.

삶의 만족도 증대

긍정적인 생각을 유지하는 것은 우리의 삶에 대한 만족도를 높일 수 있습니다. 긍정적인 생각을 통해 우리는 우리가 가진 깃들에 대해 감사하게 됩니다. 이를 통해 삶의 만족도를 높일 수 있습니다.

치료 효과 증대

긍정적인 생각은 신체적인 치료 효과를 증대시킬 수 있습니다. 긍정적인 마음을 가진 사람들은 병원에서 더 빨리 회복하는 경향이 있으며, 치료 효과가 더 크게 나타납니다.

관계 개선

긍정적인 생각을 유지하는 것은 우리의 관계를 개선시키는 데 도움이 됩니다. 긍정적인 마음을 가진 사람들은 다른 사람들과 더 쉽게 교류하며, 친밀한 관계를 유지할 수 있습니다.

자기 생각과 태도를 긍정적으로 유지하고, 부정적인 생각이 들 때는 긍정적인 생각으로 바꿔보는 연습이 필요합니다.

"○○ 때문에 너무 힘들었어!"와 같은 부정적 생각을 "그래도 ○○ 덕분에 이거 하나는 확실히 배운 것 같아!"처럼 긍정적으로 바꿔 보는 연습! 여러분도 오늘부터 바로 시작해보시는 건 어떨까요?

목표를 설정하고
그것을 달성하기 위한 노력 하기 :

목표를 가지고 그것을 달성하기 위해 노력하는 것은 자신에 대한 자신감을 높이고, 긍정적인 에너지를 얻는 데 도움이 됩니다.

동기 부여

목표를 설정하고 이를 달성하기 위한 노력을 기울이는 것은 우리에게 동기 부여를 제공합니다. 목표를 달성하기 위해 노력하면서 우리는 자신의 능력을 더 높이 평가하게 되며, 더 나은 성취감을 느낄 수 있습니다.

삶의 만족도 증대

목표 설정과 달성은 삶의 만족도를 증대시킬 수 있습니다. 목표를 달성하면 성취감과 자신감이 증가하며, 이를 통해 삶의 만족도를 높일 수 있습니다.

개인의 발전

목표를 설정하고 이를 달성하기 위해 노력하는 것은 우리의 개인적인 발전에도 큰 도움이 됩니다. 목표를 달성하면서 우리는 자신의 능력을 더욱 향상시키며, 새로운 기술과 경험을 습득할 수 있습니다.

성취감 증대

목표를 달성하면 우리는 더 큰 성취감을 느낄 수 있습니다. 목표를 달성하면서 우리는 자신의 능력과 역량을 더욱 인정받게 되며, 이를 통해 더욱 큰 성취감을 느낄 수 있습니다.

자기 관리하기

자기관리는 우리의 신체적, 정신적, 감정적 건강을 유지하고 개선하기 위해 반드시 필요합니다. 충분한 수면, 건강한 식습관, 꾸준한 운동과 같은 자기관리 습관은 우리 몸과 마음에 긍정적인 영향을 미치는데, 그 이유는 다음과 같습니다 :

신체 건강 개선

충분한 수면, 건강한 식습관, 꾸준한 운동은 우리의 신체 건강을 개선하는 데 중요한 역할을 합니다. 충분한 수면은 우리 몸의 회복력을 높여주고 면역 체계를 강화시켜 주는 등 신체 건강에 긍정적인 영향을 줍니다. 건강한 식습관과 꾸준한 운동은 체중을 조절하고 혈압, 콜레스테롤, 혈당 등의 수치를 개선시키는 데 도움을 주며, 만성질환 예방에도 효과적입니다.

정신 건강 개선

충분한 수면, 건강한 식습관, 꾸준한 운동은 우리의 정신 건강을 개선하는 데도 중요합니다. 충분한 수면은 스트레스를 줄이고 우울증, 불안 등 정신 건강 문제 예방에 도움을 줍니다. 건강한 식습관과 꾸준한 운동은 섭취한 영양소와 운동으로 분비되는 호르몬 등이 우리의 뇌에 긍정적인 영향을 미치며, 스트레스와 우울증을 예방하고 기분을 개선시켜줍니다.

에너지 수준 향상

충분한 수면, 건강한 식습관, 꾸준한 운동은 우리의 에너지 수준을 향상시켜줍니다. 충분한 수면을 취하면 우리는 더 많은 에너지를 가지고 일상생활에 임할 수 있습니다. 건강한 식습관과 꾸준한 운동은 우리 몸에 필요한 영양소를 제공하고 혈액순환을 개선시켜 에너지 수준을 높여줍니다.

삶의 질 향상을 위해서라도 충분한 수면, 건강한 식습관 유지하기, 꾸준한 운동 등 자신의 건강을 관리하면서 긍정적인 생활 습관을 형성하기위한 노력이 필요합니다.

긍정적인 대화와 행동

긍정적인 대화는 우리에게 많은 장점을 제공합니다. 일상적인 대화에서 긍정적인 에너지를 주고 받으면, 우리는 더 행복하고 건강한 삶을 살 수 있습니다. 다음은 긍정적인 대화가 주는 장점입니다.

스트레스 감소

긍정적인 대화는 스트레스를 감소시키는 데 큰 역할을 합니다. 긍정적인 에너지를 주고 받으면, 우리는 불안과 스트레스를 덜 느끼게 됩니다.

자신감 증진

긍정적인 대화는 자신감을 증진시키는 데 도움을 줍니다. 칭찬과 격려를 받으면, 우리는 긍정적인 자아 이미지를 형성할 수 있게 됩니다.

"될까? 어려울 것 같은데?"보다는 "된다. 할 수 있다."가 훨씬 가능성을 높여줍니다.

대인관계 개선

긍정적인 대화는 대인관계를 개선하는 데 큰 역할을 합니다. 긍정적인 에너지를 주고 받으며 친절하고 배려하는 행동을 보이면, 우리는 다른 사람들과의 관계를 더욱 원활하게 유지할 수 있습니다.

창의성 증진

긍정적인 대화는 창의성을 증진시키는 데 도움을 줍니다. 긍정적인 에너지는 우리의 뇌를 더욱 활발하게 만들어, 새로운 아이니어와 창의적인 해결책을 생각할 수 있게 합니다.

건강한 마음

긍정적인 대화는 건강한 마음을 유지하는 데도 중요합니다. 긍정적인 에너지를 주고 받으면, 우리는 자연스럽게 더 행복하고 건강한 마음을 유지할 수 있습니다.

다른 사람과의 대화에서 상대방을 칭찬하거나 격려하는 말을 나누고, 내가 할 수 있는 작은 선행부터 실천해보는 건 어떨까요?

한마디로 감사함을 잊지 않고 소확행을 실천하며 살아가면 강철 멘탈이 될 수 있다는 것인데요, 소소하지만 확실한 행복들을 수시로 느끼고 실천하며 살아가는 것이 핵심입니다.

　살면서 때때로 찾아오는 불행, 시련, 고난에도 지지 않고 툭툭 털고 일어나 꿋꿋이 걸어 나가는 힘, 그 힘인 회복탄력성을 높여서 여러분의 삶을 어제보다 오늘 조금 더 행복한 하루로 만들어 가는 '행복금수저'가 되셨으면 좋겠습니다.

회복탄력성을 높이는
긍정 스토리텔링법

김주환 교수님의 『회복탄력성』에 적힌 내용을 기반으로 우리에게 일어나는 크고 작은 긍정적, 부정적 상황에서 그것을 어떻게 받아들이고 해석해야 하는지 알려드리려고 하는데요.

부정적인 사건에 대해서는 비 개인적이고, 일시적이고, 특수한 것으로 받아들이고, 좋은 일에 대해서는 개인적이고, 영속적이고, 보편적인 것으로 받아들이는 방법입니다.

예를 들어, 사업에 실패했다고 가정해보겠습니다. 처음부터 너무 센가요? 네, 사업 실패. 생각만 해도 아찔하네요.

이러한 역경에 부딪혔다면 여러분은 어떻게 스토리텔링 하시겠습니까? 비관적인 사람은 이렇게 생각한다고 합니다.

"아니 주변에 성공한 사람도 많은데, 왜 나만 실패했을까? 나는 왜 항상 실패만 하는걸까? 내가 하는 모든일은 왜 다 안풀리는 걸까? 내 인생이 모든면은 왜 이렇게 실패투성이일까?"

이 사람, 모든 것이 내 탓이고 나한테만 일어나고 나만 재수 없는 사람이라 스토리텔링하고 있네요.

낙관적인 사람은 이렇게 스토리텔링 한다고 합니다.

"이번의 실패는 너무나 뼈아프고 아쉽지만 실패는 누구나 할수 있는 것이지. 처음부터 잘하는 사람은 없어. 나는 비록 이 사업에는 실패했지만 다른 일들은 다 잘 해내고 있어. 사업이 실패했다고 해서 내 인생의 모든 면이 다 실패한 것은 아니야. 그리고 이번 실패를 거울삼아 부족한 부분을 개선하면 다음에는 좋은 결과가 있을 거야."

실제 이렇게 생각해서 다시 재기에 성공한 사람들이 훨씬 많다고 합니다.

두 번째 상황도 한번 살펴볼까요?

점심 먹고 나와서 보니 골목에 주차해둔 차를 누군가가 긁고 그냥 가버렸습니다. 정말 화나는 상황이죠?

비관적인 사람의 스토리텔링입니다.

"왜 나한테만 이렇게 재수 없는 일이 생길까? 여기 세워둔 내 잘못이긴 하지만 왜 내게는 늘 이런 재수 없는 일이 일어날까? 왜 나는 매사에 이렇게 운이 없

나를 빛나게 하는 셀프리더십

을까? 내가 재수가 없는 사람인가 보다." (한숨)

반면에 낙관적인 사람은 이렇게 스토리텔링합니다.

"차를 긁고 그냥 가다니 양심도 없는 나쁜 사람이구만. 이런 일은 누구나 당할 수 있는 법이지. 오늘은 어쩌다 운이 나쁜 날이구나. 그런 날도 있는 거지. 주차와 관련해서는 내가 운이 나쁘구나. 대신 오늘 생길 다른 일들은 다 잘 될거야. 그리고 많이 안 상하고 살짝 긁힌거라 다행이지 뭐."

이번에는 꼭 취직하고 싶은 회사로부터 합격 통보를 받은 긍정적인 상황을 예로 들어보겠습니다.

회복탄력성이 낮은 비관적인 사람은 이렇게 좋은 상황도 이렇게 스토리텔링 합니다.

"입사 시험에 합격한 것이 내가 잘해서가 아니라 운이 좋아서 합격한 거지 뭐. 그리고 이 입사 시험만 어쩌다 합격한 것이고, 회사 합격은 했지만 어차피 다른 모든 것들은 다 엉망이야."

반면에 회복탄력성이 높은 긍정적인 사람은 조금 다르게 스토리텔링 합니다.

"입사 시험에 합격한 것은 내가 열심히 준비해서 가능했던 거고, 나의 합격은 언제나 그렇듯이 앞으로의 성공적인 내 인생이 한 부분이며, 회사에 합격한 것처럼 인생의 다른 모든 면에서도 나는 다 잘 해낼 것이라고 믿어. 내 인생의 모든 면은 다 제대로 잘 되고 있어."

좋은 일이 생겼을 때 두 번째 상황입니다.

시험을 봤는데 예상보다 훨씬 더 좋은 성적을 거두게 된 겁니다. 그동안 여러 자격증 시험에 응시하셨을 텐데 그때마다 어떤 스토리텔링을 했었는지 기억을 더듬어 보세요.

먼저 비관적인 사람의 스토리텔링입니다.

"이렇게 성적이 잘 나오다니, 이번 시험은 완전 쉬웠구만. 어쩌다 이번에 시험운은 좋았나보다. 이 시험 하나는 어쩌다 잘 봤지만 다른 시험은 아마 망치겠지."

왜 즐기지 못하는 걸까요. 안타까운 마음입니다.

다음은 낙관적인 사람의 스토리텔링 방식입니다.

역시 노력하면 되는구나. 내 노력이 헛되지 않았어! 가만보면 나는 시험운이 늘 좋은 편이야. 분명히 나는 다른 시험도 다 잘보게 될거야!

이렇게 긍정의 기운으로 다음 시험을 준비할 것 같습니다.

자, 여러분 어떠신가요? 여러분의 스토리텔링 방식은 평소 비관적인 쪽이었나요, 낙관적인 편에 더 가까웠나요?

앞으로는 이렇게 연습해보면 어떨까요? 부정적인 일은 누구에게나 일어날 수 있는 일, 어쩌다가 한번 일어난 일, 이번 일만 그렇고 다른 일은 다 잘되고 있다고 생각하며 의미를 축소하는 연습을 하고, 긍정적인 일은 노력한 나에게 일어난 특별한 일, 언제나 일어나고 있고, 모든 면이 다 잘되고 있다고 희미를 확대해서 스토리텔링 하는 연습이 필요할 것 같습니다.

여러분, 행복도 능력입니다. 행복은 긍정적 정서를 통해 자신을 자기가 원하는 방향으로 이끌어 갈 수 있는 능력이며, 또한 타인에게 행복을 나눠줌으로써 원만한 인간관계와 성공적인 삶을 일구어내는 능력입니다.

스스로도 행복하고 다른 사람도 더불어 행복하게 해줄 수 있는 긍정적 정서의 소유자가 강한 회복탄력성을 지니기 마련입니다.

그렇다면 우리 지금 당장 함께 실천을 해볼까요?

오늘 하루 일어난 일들을 가만히 떠올려 보고, 소소하지만 감사한 일들을 한번 적어 보는 겁니다.

〈오늘의 감사한 일〉

1.

2.

3.

4.

5.

아주 소소해도 좋습니다.

아침에 눈을 떴을 때 어제보다 상쾌한 기분이 들어 감사했다.

입맛이 없어서 아침을 걸렀는데 사과라도 먹으라고 예쁘게 깎아 입에 넣어주는 엄마께 감사했다.

버스를 탔는데 앉을 자리가 있어서 감사했다.

오랜만에 전화를 걸어온 친구가 안부를 물어줘서 감사했다.

평소보다 늦게 귀가했는데 주차장에 명당 주차 자리가 있어서 감사했다.

어떤가요? 이 모든 일상에 당연함이란 없습니다. 아무 일도 일어나지 않고 하루가 무사히 지나감에도 우리는 감사할 줄 알아야 합니다. 그리고 전문가들은 되도록 그 감사함을 생각만으로 끝낼 것이 아니라 기록하는 것이 좋다고 입을 모아 이야기합니다.

저 역시 수년째 감사일기를 적고 있는데요. 그 효과는 정말 강력합니다.

감사일기는 매일 느끼는 작은 감사한 순간들을 기록하고, 이를 통해 긍정적인 감정을 느끼는 활동을 말하는데요. 이렇게 일상에서 긍정적인 감정을 느끼게 되면 뇌가 긍정적인 환경에 적응하게 되어 긍정성을 유지하는 데 도움이 됩니다.

뇌의 고착화는 일상에서 일어나는 반복적인 경험으로 뇌 구조가 바뀌는 현상입니다. 이러한 고착화 현상은 부정적인 감정을 느끼는 경우에도 발생할 수 있습니다. 부정적인 경험에 노출되면 뇌는 이에 대응하기 위해 부정적인 감정과 생각을 더 쉽게 생성하게 되고, 결국 부정적인 습관이 만들어질 수 있습니다.

반대로, 감사일기를 쓰면서 긍정적인 감정을 느끼게 되면 뇌가 긍정적인 경험에 적응하게 되어 긍정성을 더 쉽게 유지할 수 있습니다. 따라서 감사일기를 쓰는 것은 뇌의 고착화 현상을 방지하고 긍정적인 습관을 유지하는 데 도움이 됩니다.

소소하지만 감사한 일들에 감사한 감정을 느끼고 그것들을 기록하면서 잠이 드는 행동을 반복하게 되면 잠자는 사이 우리의 뇌는 고착화 현상을 일으켜 감사한 감정을 계속 기억하게 될 것입니다. 그리고 아침에 눈을 뜨자마자 감사한 일부터 찾아내는 행복금수저의 하루하루를 만들어 나가게 될 것입니다.

'행복은 크기가 아니라 빈도다'는 말이 있습니다. 이 말은 일상적인 작은 기쁨이 매일 반복되는 것이 큰 기쁨 하나만을 느끼는 것보다 더 많은 행복감을 제공한다는 것을 의미하는데요.

우리는 삶에서 큰 성취를 이루거나, 특별한 이벤트(로또 당첨, 새 차 출고, 새 집으로 이사, 승진, 수상 등)가 있을 때 행복을 느끼지만, 이런 일들은 일상적인 삶에서는 자주 일어나지 않습니다. 따라서 우리의 일상에서 자주 일어나는 작은 기쁨을 느끼는 것이 더 중요하다는 것을 알아차려야 합니다.

예를 들어, 아침에 일어나서 따뜻한 차 한잔을 마시는 것, 사랑하는 강아지와 산책을 하는 시간, 가족과 함께하는 저녁 식사 등이 그러한 일상적인 작은 기쁨의 예입니다. 이러한 작은 기쁨들이 매일 반복되면서 우리는 삶에서 더 많은 행복을 느끼게 됩니다.

따라서 우리는 일상적인 작은 기쁨들을 놓치지 않고, 매일 매일 감사한 감정을 느끼는 것이 행복한 삶을 살 수 있는 확실한 방법이라는 것을 기억해야 합니다.

금수저라는 단어는 부유하거나 부모의 사회적 지위가 높은 가정에서 태어나 경제적 여유 따위의 좋은 환경을 누리는 사람을 비유적으로 이르는 말입니다.

행복금수저는 돈만 있어서는 이룰 수 없는 삶의 여러 가지 측면에서의 풍요와 만족감을 추구하는 사람들을 의미합니다. 저는 소소한 것에 감사하고 수시로 행복감을 느끼는 사람들을 행복 금수저라고 부릅니다. 여러분도 꼭 행복 금수저가 되시기를 진심으로 기원합니다.

나의 가치를 높이는
퍼스널 브랜딩
(Personal Branding)

여러분은 '콜라' 하면 가장 먼저 어떤 브랜드가 떠오르시나요? '침대', '운동화'는 어떤가요?

브랜드(Brand)는 어떠한 제품이나 서비스를 구분하는 데 쓰이는 명칭이나 기호, 디자인 등을 말합니다. 주인을 구분하기 위해 가축에게 찍는 낙인에서 유래되었다고 하는데요. 똑같은 상품이지만 브랜드의 유무에 따라 가격도 달라지고 가치도 달라집니다. 브랜드는 상품에 대한 정보를 모두 따져보지 않아도, 그것이 무엇인지, 어떤 속성과 이미지를 갖고 있는지 쉽게 이해할 수 있도록 만드는 작업, 즉 믿음의 도구인데요.

만약 여러분에게 가방 두 개 중 하나를 고르면 선물로 주겠다고 합니다. 똑같은 모양인데 하나는 샤넬 로고가 박혀있고 하나는 아무 로고도 없다면 여러분은 어떤 것을 선택하시겠어요?

샤넬 가방이 너무 부담스러우시다구요? 그렇다면 이런 경우는 어떤가요?

같은 생수인데 하나는 삼다수이고 하나는 상표가 없는 이름 모를 생수입니다. 어떤 물을 선택하시겠어요?

브랜딩은 기업의 가치, 제품, 서비스 등을 고객에게 알리고 인식시키기 위한 각 기업들의 중요한 마케팅 전략입니다. 브랜딩을 통해 기업, 제품, 서비스의 차별화가 이루어지고, 인식되며 신뢰성을 확보하고, 자연스럽게 가치가 상승하게 됩니다. 이로 인해 기업들은 소비자로부터 많은 관심과 실질적 이익을 얻게 됩니다. 그렇기 때문에 각 기업들은 자신들의 제품과 서비스의 가치를 높이기 위한 브랜딩 전략에 심혈을 기울이는데요. 우리도 우리의 가치를 높이기 위해서 퍼스널 브랜딩 전략이 필요합니다.

퍼스널 브랜딩(Personal branding)은 개인의 브랜드를 구축하고 확립하는 과정을 말합니다. 일반적으로 기업이 브랜드를 구축하고 홍보하는 것과 유사한 개념입니다. '현재의 나'와 '되고 싶은 나' 사이의 갭(Gap)을 좁혀주는 총체적이고 통합적인 과정으로서, 한 개인이 자신의 경력, 전문성, 기술, 강점, 바른 인성 등을 강조하고, 타인들에게 자신의 브랜드를 알리며, 자신의 목표를 달성하는 데에 활용하는 전략적인 마케팅 방법입니다.

셀프리더십과 퍼스널 브랜딩은 둘 다 개인이 자신을 관리하고 발전시키는 데 중요한 요소이고 필요한 과정입니다. 셀프리더십은 개인이 자신의 인생을 주도하고, 성취하고자 하는 목표를 설정하고 이를 이루기 위해 스스로를 관리하는 과정입니다. 이는 자기계발과 경력 발전을 위한 방법 중 하나로, 개인이 자신의 역량을 인식하고 강화하며, 목표에 도달하기 위해 적극적으로 자신을 동기부여하는 것을 포함합니다.

퍼스널 브랜딩은 개인의 브랜드 가치를 개발하고 확장하는 것을 의미합니다. 즉, 자신의 강점과 능력을 자아내어 이를 다른 사람들에게 알리고, 자신의 목표와 가치를 대중에게 전달하여 인식도와 인지도를 높이는 것입니다. 이는 자신의 경력과 신뢰도를 강화하고, 취업이나 비즈니스 등 다양한 분야에서 성공적으로 활동하는 데 도움이 됩니다.

셀프리더십과 퍼스널 브랜딩은 개인의 자기관리와 발전을 위한 방법으로, 전자는 개인의 인생을 주도하고 목표를 이루기 위해 자신을 관리하고, 후자는 개인의 인지도와 브랜드 가치를 강화하여 경력 발전을 돕는 것을 목적으로 합니다.

퍼스널 브랜딩의 효과는 크게 두 가지로 볼 수 있습니다.

① 자기 마케팅 효과

퍼스널 브랜딩을 통해 자신의 브랜드 이미지를 확립하면 자기마케팅에 매우 효과적입니다. 즉, 자신이 원하는 목표를 달성하기위해 자신의 브랜드 이미지를 알리고, 인식시키고, 홍보할 수 있습니다. 이는 자신의 직업, 사업, 인맥 등을 발전시키는 데 큰 도움이 됩니다.

② 자신감 증진

　퍼스널 브랜딩을 통해 자신의 장점과 매력을 인식하고 강화시키면 자신감이 증진됩니다. 자신감이 높아지면 스스로에 대한 긍정적인 자아 이미지를 형성하고, 자신의 잠재력을 더욱 발휘할 수 있게 됩니다. 이는 자신의 인생 전반에 걸쳐 긍정적인 영향을 끼칩니다.

　퍼스널 브랜딩을 통해 개인은 자신의 역량, 능력, 가치, 인식 등을 높일 수 있으며, 자신의 목표를 달성하는 데 도움이 됩니다. 이를 위해 온라인과 오프라인에서 자신의 이미지를 관리하고, 소셜 네트워크를 이용하여 인지도를 높이며, 커뮤니케이션 스킬을 향상시키는 등의 전략적인 노력이 필요합니다.

퍼스널브랜딩 구축 및
확립 과정

퍼스널 브랜딩을 구축하고 확립하는 과정은 크게 다음과 같은 단계로 구성됩니다.

1단계 : 자기분석

자기분석은 자기 인식을 높이고 개선할 수 있는 방법 중 하나입니다. 자기분석을 하는 것은 자신이 어떤 사람인지, 무엇을 좋아하고 무엇을 잘하며, 어떤 점이 개선되어야 하는지 등을 파악하고, 이를 바탕으로 더 나은 방향으로 발전하기 위해 노력하는 것입니다.

자기분석을 위해 다음과 같은 방법을 활용할 수 있습니다.

경험 해보기

다양한 경험을 통해 자신에게 잘 맞는 일, 사람, 상황, 자신의 성향 등을 확인해 볼 수 있습니다.

일기 쓰기

일기를 쓰면 자신이 무엇에 관심이 있고, 어떤 일에 스트레스를 받고 있는지 등을 파악할 수 있습니다.

피드백 받기

가족, 친구, 동료 등 다른 사람들로부터 자신에 대한 피드백을 받아볼 수 있습니다. 이를 통해 자신의 장단점을 파악하고, 개선 방향을 찾을 수 있습니다.

자신에게 질문던지기

"내가 무엇을 원하는가?", "어떤 가치를 추구하는가?" 등의 질문을 자신에게 던져보고, 답을 찾아내는 것도 도움이 됩니다.

전문가와 상담하기

필요에 따라 전문가와 상담하여 자신의 성격, 능력, 가치관 등을 파악하고, 개선할 수 있는 방향을 찾을 수 있습니다.

자기 진단 도구 활용하기

요즘은 MBTI, DISC 등 자신의 성향을 분석하고 강점과 약점을 파악하는 데 도움을 받을 수 있는 다양한 자기진단 도구들을 쉽게 접할 수 있습니다. 여러분도 이러한 방법들을 통해 자기분석을 하고, 이를 기반으로 더 나은 방향으로 발전해 나갈 수 있습니다.

2단계 : 목표 설정

자신이 달성하고 싶은 목표와 그것을 달성하기 위한 계획을 세우는 단계입니다. 스스로 목표를 설정하는 방법은 다음과 같습니다.

구체적이고 측정 가능한 목표 설정하기

목표를 달성하기 위해서는 명확하고 구체적인 목표가 필요합니다. 또한 목표를 측정할 수 있는 척도가 있어야 합니다.

구체적이고 가능한 목표 설정하기 위해서는 아래와 같은 단계를 따를 수 있습니다.

① 목표를 결정하고 명확히 정의하기

목표를 정할 때는 무엇을 달성하고자 하는지, 어떤 성과를 얻고 싶은지 명확하게 정의해야 합니다.

② 목표를 세분화하고 계획 수립하기

목표를 세분화하여 단계별로 계획을 수립하고, 그에 따른 성취 지표를 설정해야 합니다. 또한, 목표를 달성하기 위해 필요한 시간, 노력, 자원 등을 파악하고 충분히 고려해야 합니다.

③ 목표의 실현 가능성 분석하기

목표가 실현 가능한지 검토해야 합니다. 이를 위해 자신의 능력, 자원, 제한 사항 등을 고려하여 목표를 검토하고 필요하다면 수정해야 합니다.

④ 자신을 동기부여하고 목표를 추진하는 방법 고민하기

목표를 달성하기 위해 자신을 동기부여하고 추진할 수 있는 방

나를 빛나게 하는 셀프리더십

법을 고민해야 합니다. 예를 들어, 목표를 세우고 달성하는 과정에서 스스로를 칭찬하고 보상을 주는 등의 방법을 이용할 수 있습니다.

⑤ 목표를 평가하고 수정하기

목표를 달성하기 위해 수립한 계획을 주기적으로 평가하고 필요한 경우 수정해야 합니다. 이를 통해 목표 달성의 방향성을 조정하고, 보다 효율적으로 목표를 달성할 수 있습니다.

예를 들어, "3개월 내에 영어회화 실력을 향상시켜 미팅에서 원활한 의사소통이 가능하도록 한다"라는 목표를 설정했다면, 세부적인 계획을 수립하여 하루에 몇 시간씩 공부할지, 어떤 자료를 활용할지 등을 결정하고, 주기적으로 평가하여 필요에 따라 수정해 나가야 합니다.

현재 상황 평가하기

현재 상황을 평가하면 목표를 설정하는 데 도움이 됩니다. 내부 및 외부적인 제한 요인들을 고려하여 현재 상황을 파악합니다.

목표의 중요성 평가하기

설정한 목표가 얼마나 중요한지 평가합니다. 목표가 여러분의 욕구나 가치관에 부합하는지 확인하세요.

현실적인 목표 설정하기

목표를 설정할 때는 현실적인 것으로 설정하여 목표를 달성하기 쉽게 하십시오. 여러분이 할 수 있는 최선의 노력을 기울이기 위해 자신의 능력과 가능성을 고려해야 합니다.

기간 설정하기

목표를 달성하기 위해서는 기한이 필요합니다. 목표를 달성하기 위한 기간을 설정하여 동기부여를 유지하고, 목표를 이루는 일정을 구체화하세요.

작은 목표 설정하기

큰 목표를 설정할 때, 작은 목표를 설정하면서 시작해보는 것이 좋습니다. 이를 통해 성취감을 느끼고, 동기부여를 유지할 수 있습니다. 작심삼일이 모이면 어느새 한 달이 되고 두 달이 되면서 큰 목표의 성취에 가까워지는 여러분을 발견하게 될 겁니다.

목표 기록

목표를 기록하는 것은 목표 달성에 매우 중요한 역할을 합니다. 이유는 다음과 같습니다.

① 목표를 구체화할 수 있습니다.

목표를 기록함으로써 구체적이고 명확한 목표로 정의할 수 있습니다. 목표가 구체화 되면 목표 달성에 필요한 계획을 수립하고 실행하기 쉬워집니다.

② 목표에 대한 책임감을 느낄 수 있습니다.

목표를 기록하면 그 목표에 대한 책임감을 느끼게 됩니다. 목표를 기록하고 계속해서 확인하면서 진행 상황을 파악하면서 목표 달성에 대한 책임감을 느끼게 되어 목표 달성에 더욱 집중하게 됩니다.

③ 목표 달성에 대한 동기부여를 높일 수 있습니다.

목표를 기록하면 그 목표를 달성하기 위해 필요한 일정과 계획을 수립해야 하기 때문에 목표 달성에 대한 동기부여가 높아집니다. 또한, 목표 달성의 증거가 되는 진척 상황을 기록하면서 목표 달성의 성취감을 느낄 수 있습니다.

④ 목표 달성을 추적하고 평가할 수 있습니다.

목표를 기록하면 그 목표 달성을 추적하고 평가할 수 있습니다. 기록된 목표와 진행 상황을 비교하여 목표 달성에 대한 성취도를 파악할 수 있으며, 필요한 조치를 취하여 목표 달성을 더욱 효율적으로 추진할 수 있습니다.

따라서, 목표를 기록하는 것은 목표 달성에 필수적인 요소 중 하나입니다. 목표를 달성하고자 한다면, 목표를 기록하고 진행 상황을 관리하여 목표 달성에 집중해야 합니다.

생각만 하는 것과 기록하는 것은 결과 자체가 달라집니다. 삶은 우리가 기록한 대로 이루어진다고 하죠? 가급적이면 아주 구체적으로 기록했을 때 현실화 될 가능성이 높아집니다.

목표를 계속해서 평가하기

목표 달성을 위해서는 지속적인 평가가 필요합니다. 목표의 달성도와 과정을 평가하면서, 필요한 경우 조정하십시오.

나를 빛나게 하는 셀프리더십

3단계 : 퍼스널 브랜딩 전략 수립

이 단계는 자신이 어떤 이미지를 갖고 있고, 그것을 어떻게 강조할 것인지, 어떤 방식으로 홍보할 것인지 등을 결정하는 단계입니다.

퍼스널 브랜딩 전략을 수립하기 위해서는 다음과 같은 과정이 필요합니다.

① 목적 설정

퍼스널 브랜드를 만들기 위한 목적을 명확히 설정해야 합니다. 어떤 목적으로 퍼스널 브랜드를 만들 것인지, 어떤 분야에서 활동할 것인지 등을 정리합니다.

② 대상 파악

퍼스널 브랜드를 발휘하고자 하는 대상을 파악해야 합니다. 대상의 특성, 욕구, 관심사 등을 파악하여 나만의 독보적인 브랜드 전략을 수립합니다.

③ 경쟁자 분석

자신이 활동하고자 하는 분야에서 경쟁하는 다른 브랜드들을 분석합니다. 경쟁 업체의 강점과 약점을 파악하여 자신의 브랜드 전략을 수립하는 것이 좋습니다.

④ 키워드 선정

브랜딩을 위한 키워드를 선정합니다. 키워드는 자신이 대표하고자 하는 이미지를 나타내는 데 중요한 역할을 합니다.

⑤ 콘텐츠 전략 수립

브랜드를 만들기 위해서는 적극적인 활동이 필요합니다. 이를 위해서는 어떤 종류의 콘텐츠를 제공할 것인지, 어떤 채널을 활용할 것인지 등을 세부적으로 계획합니다.

⑥ 마케팅 전략 수립

퍼스널 브랜딩을 위해서는 마케팅 전략을 수립해야 합니다. 마케팅 전략은 대상 그룹을 파악하고 그들이 선호하는 채널을 활용하여 브랜드의 인지도를 높이는 것입니다.

⑦ 평가 및 조정

퍼스널 브랜딩 전략을 수립한 후에는 실제로 실행하면서 결과를 평가하고 필요한 조정을 합니다. 브랜딩 전략은 계속해서 수정하고 발전시켜야 합니다.

이러한 단계를 따라 수립한 퍼스널 브랜딩 전략은 자신의 브랜드 이미지를 구축하고 인지도를 높이는 데 큰 도움이 됩니다.

4단계 : 이미지 관리

이미지 관리는 자신의 외모, 태도, 행동 등을 통해 상대방에게 어떠한 인상을 줄 것인지에 대한 관리입니다. 이미지 관리를 통해 자신의 인상을 조절하고, 자신의 목표에 도달하는 데 도움을 줄 수 있습니다. 이를 위해 몇 가지 방법을 제안해드립니다.

옷차림 관리

자신에게 어울리는 스타일을 찾아서, 자신의 이미지를 관리해야 합니다. 입는 옷이 깔끔하고, 단점을 보완해줄 수 있는 스타일을 선택해야 합니다. 최근 퍼스널 컬러가 이슈인 만큼 자신에게 잘 맞는 컬러를 찾아보는 것도 방법입니다.

언어와 태도 관리

자신의 언어와 태도는 자신의 이미지를 형성하는 중요한 요소 중 하나입니다. 존중과 배려의 마음을 갖고 대화하며, 타인의 생각과 느낌을 경청하는 것이 중요합니다. 또한, 자신이 원하는 이미지를 구체적으로 생각하고 그에 맞는 태도를 확립하는 것이 필요합니다.

소셜 미디어 관리

소셜 미디어는 현재 사회에서 매우 중요한 역할을 하고 있습니다. SNS 계정을 운영하고, 블로그나 포트폴리오 사이트를 만들어 자신의 이력과 성과를 공유하는 것도 방법입니다.

필자도 네이버 블로그, 인스타그램, 유튜브를 운영하고 있는데, 강의에 다녀온 기록들을 하루하루 일기처럼 남기다 보니 어느새 그 기록들이 저의 포트폴리오가 되어 있더라구요. 의뢰 들어온 강의의 70% 이상이 그러한 소셜 미디어를 통해 진행되고 있답니다. 여러분도 자신의 프로필을 관리하고, 자신의 목표에 맞는 콘텐츠를 게시해 보세요. 소셜미디어로 소통할 때는 타인과의 대화에서 존중하고 배려하는 태도를 유지해야 하는 것이 중요합니다.

댓글 하나하나 언어와 표현에 주의하고, 타인의 댓글에는 정성스런 답글도 필수겠죠? 자신의 성취와 역량을 적극적으로 알리는 것은 자신의 이미지를 높이는 데 큰 도움이 됩니다.

타인의 의견 수용

자신의 이미지를 관리할 때, 타인의 의견을 수용하고 적극적으로 반영하는 것이 중요합니다. 자신이 어떠한 이미지를 갖고 싶은지를 확실히 하고, 타인의 조언과 피드백을 받아들여 자신의 이미지를 개선하는 방향으로 나아가야 합니다.

이미지 관리는 지속적인 노력이 필요합니다. 자신의 이미지를 개선하고 유지하는 것은 자신의 인생에서 매우 중요한 부분입니다.

5단계 : 인적 네트워크 구축

인적 네트워크는 사람들과 관계를 형성하여 상호 작용하고 정보 및 지원을 교환하는 것을 의미합니다. 이것은 인간관계에 기초하여 성장하며, 새로운 기회를 찾는 데 매우 유용합니다. 이제 인적 네트워크를 구축하는 몇 가지 방법을 살펴보겠습니다.

사회적 모임 및 커뮤니티 참여

지역 커뮤니티 또는 취미 모임, 자원봉사 등의 활동에 참여하여 인적 네트워크를 구축할 수 있습니다. 이를 통해 새로운 사람들을 만나고 이들과의 관계를 유지하는 것이 중요합니다.

온라인 네트워킹

SNS나 전문적인 커뮤니티 사이트 등을 활용하여 인적 네트워크를 구축할 수 있습니다.

업계 행사 및 세미나 참여

업계 행사 및 세미나에 참여하여 자신의 분야에서 일하는 사람들과 인적 네트워크를 구축할 수 있습니다. 이들과 연락처를 교환하고 대화를 나누는 것은 새로운 기회를 찾는 데 매우 유용합니다.

멘토나 컨설턴트 찾기

멘토나 컨설턴트를 찾아 그들과의 관계를 형성할 수 있습니다. 이들은 자신이 가진 경험과 지식을 공유해주며, 새로운 기회를 찾는 데 도움을 줄 수 있습니다.

지인 소개 및 추천받기

가족, 친구, 동료, 전직 동료 등을 통해 새로운 인적 네트워크를 구축할 수 있습니다. 이들에게 자신의 업무, 취미, 관심사, 등을

나를 빛나게 하는 셀프리더십

소개하고 그들이 추천해 줄 수 있도록 요청해보세요.

인적 네트워크는 이전보다 더 중요한 역할을 하고 있으며, 적극적으로 구축하고 유지하는 것이 개인 및 직업적인 성장에 큰 도움이 됩니다.

6단계 : 커뮤니케이션 스킬 향상

커뮤니케이션 스킬은 업무와 일상생활에서 매우 중요한 역할을 한다는 것은 몇 번을 강조해도 지나침이 없습니다. 커뮤니케이션 스킬을 향상시키기 위해 할 수 있는 몇 가지 방법을 추천합니다.

청취 능력(경청) 강화

커뮤니케이션의 핵심은 대화가 아니라, 상대방의 이야기를 귀기울여 듣는 것입니다. 상대방의 말에 집중하고, 질문을 통해 이해하려는 노력을 기울이는 것이 중요합니다.

비언어적 커뮤니케이션 이해

언어로 전달되지 않는 비언어적 커뮤니케이션(몸짓, 표정, 음성조절 등)을 이해하는 것도 중요합니다. 상대방이 전달하려는 의도를 파악하기 위해서는 이러한 비언어적 신호를 잘 캐치해야 합니다.

간결하고 명확한 표현

복잡한 내용을 단순하게 정리하고, 명확하고 간결한 표현을 사용하는 것이 중요합니다. 불필요한 단어나 어법을 제거하고, 명확한 의사전달을 위해 구체적인 예시나 사례를 들어 설명하는 것이 좋습니다.

적극적인 대화 참여

대화에서 적극적으로 참여하며, 의견을 제시하고 질문을 던지는 것이 중요합니다. 이를 통해 상대방과의 신뢰도를 높이고, 대화를 원활하게 이어 나갈 수 있습니다.

다양한 사람과 대화하기

다양한 사람들과 대화하며, 각자의 배경과 관점을 이해하는 것이 중요합니다. 이를 통해 다양한 시각을 수용하고, 상황에 맞는 대화방식을 습득할 수 있습니다.

피드백 받기

자신의 커뮤니케이션 스킬을 개선하기 위해서는 피드백을 받는 것이 좋습니다. 상대방에게 자신의 말이 어떻게 느껴지는지, 어떤 부분이 개선이 필요한지 등을 물어보고, 피드백을 받아 개선해 나가는 것이 좋습니다.

이러한 방법들을 적극적으로 시도하면서, 자신의 의견과 생각을 명확하게 전달하고, 타인과의 소통 능력을 향상시키는 것이 중요합니다.

지금까지 알려드린 6가지의 단계들을 하나하나 여러분의 삶 속에서 실천한다면, 여러분의 가치를 높여주는 퍼스널 브랜드를 확립할 수 있습니다.

여기에 하나 더, 퍼스널 브랜드 확립을 위해서는 자신의 강점을 찾고 인지하는 태도가 필요한데요. 강점 찾기는 개인의 성장과 발전에 매우 중요한 역할을 합니다. 이것은 개인이 가진 강점을 파악하고 이를 극대화하여 최적의 성과를 달성하는 데 도움을 줍니다.

퍼스널 브랜딩 전략 :
나의 강점 찾기

다음은 강점 찾기가 중요한 몇 가지 이유입니다.

① 자신의 능력 파악

강점 찾기를 통해 자신이 어떤 능력을 가지고 있는지 파악할 수 있습니다. 이를 통해 자신의 능력을 최대한 활용하여 일을 수행할 수 있습니다.

② 자신감 향상

강점 찾기를 통해 자신의 능력을 인정하고 자신감을 갖게 됩니다. 이는 목표에 대해 도전적인 자세를 갖게 하고 성취감을 높여 줍니다.

③ 개인의 경쟁력 강화

강점 찾기를 통해 더 나은 성과를 내기 위해 자신의 강점을 극대화할 수 있습니다. 이는 경쟁에서 더욱 유리한 위치에 서게 만들어 줍니다.

④ 개인의 역량 개발

강점 찾기를 통해 자신의 강점을 바탕으로 역량을 개발할 수 있습니다. 이는 더 많은 일을 처리할 수 있게 하고 더욱 높은 성과를 이룰 수 있습니다.

⑤ 목표 달성

강점 찾기를 통해 자신의 강점을 바탕으로 목표를 달성할 수 있습니다. 이는 개인의 성공과 성과에 큰 영향을 미칩니다.
따라서 강점 찾기는 성장과 발전을 위해 꼭 필요한 과정입니다.

자신의 강점을 찾는 방법에는 여러 가지가 있지만, 다음과 같은 방법들을 추천합니다.

① 자신이 잘하는 것을 파악하기

자신이 어떤 일을 잘하고 어떤 것에 자신감이 있으면서도 쉽게 이룰 수 있었는지를 찾아보는 것이 좋습니다. 그러기 위해서는 자신의 인생을 돌아보는 시간이 필요하겠죠. 몇 살 때 무엇을 했고, 어떤일이 있었고, 어떤 것을 이루었는지, 또 그것을 이루는 과정에서 무엇을 배웠고, 어느정도의 시간이 걸렸는지 등등 이와 같은 과정을 통해 자신의 강점을 파악할 수 있습니다.

② 타인의 평가 듣기

가족, 친구, 동료, 상사 등 다른 사람들로부터 자신에 대한 평가를 듣는 것도 좋은 방법입니다. 타인이 본인의 장점이 무엇인지 말해주는 것은 본인의 강점을 더욱 분명하게 파악할 수 있도록 도와줍니다.

③ 피드백 받기

일을 수행할 때 다른 사람들로부터 피드백을 받는 것은 자신의 강점을 파악하는 데 큰 도움이 됩니다. 피드백을 받으면 어떤 부분이 잘되었는지, 어떤 부분에서는 개선이 필요한지를 파악할 수 있습니다. 그리고 혹시 좋은 피드백이 아니더라도, 우리는 그 피드백에서 개선점을 찾을 수 있고, 개선점을 노력해서 고쳐낸다면 그것이 오히려 자신만의 강점으로 자리잡을 수 있습니다.

예를 들어, 상사로부터 "자네는 다 좋은데 조금 꼼꼼하지 못한 편이야."라는 피드백을 받았다면 꼼꼼하지 못한 부분들을 체크해보고, 그것을 놓치지 않기 위해 새로운 방법을 모색해서 놓치는 부분이 없도록 노력한다면 어느새 꼼꼼하게 일처리 하는 사람으로 개인 브랜드를 확립할 수 있게 될 것입니다.

④ 자기 분석하기

자신의 성격, 취미, 관심사, 경험 등을 분석해보는 것도 좋은 방법입니다. 이를 통해 자신이 어떤 분야에서 뛰어나고, 어떤 것을 좋아하는지를 파악할 수 있습니다.

여러 사람과 함께 활동하는 것을 좋아하는지, 혼자서 차분히 하는 것을 좋아하는지, 반복적인 일을 잘하는지, 새로운 아이디어나 창의적인 일을 할 때 에너지가 느껴지는 지, 자기 스스로를 분석해보는 과정이 필요합니다.

⑤ 강점 테스트 이용하기

강점 테스트를 이용하여 자신의 강점을 파악하는 것도 좋은 방법입니다. 이는 온라인에서 어렵지않게 찾을 수 있습니다.

• 갤럽 강점진단(Gallup StrengthsFinder)

갤럽이 개발한 강점테스트로, 177개의 질문에 대한 답변을 통해 본인의 강점을 분석합니다. 이 테스트는 갤럽의 과학적 연구를 기반으로 하여 개발되었습니다. 갤럽은 50년간의 연구를 바탕으로 세계적인 기업 및 조직들에게 조언을 제공해왔으며, 이 과정에서 20여만 명의 프로페셔널들을 분석하면서 강점진단을 개발하게 되었습니다.

갤럽 강점진단에서는 다음과 같은 4가지 주요 영역에 대해 분석합니다.

실행력	문제 해결, 의사 결정, 계획 수립 등 일상적인 업무를 수행하는 데 필요한 능력입니다.
발견력	아이디어 생성, 창의적 사고, 분석력 등 새로운 문제를 해결하거나 새로운 제품/서비스를 개발하는 데 필요한 능력입니다.
영감	다른 사람들의 동기 부여, 열정 전달, 리더십 등 사람을 이끄는 데 필요한 능력입니다.
인간관계	타인과의 협력, 갈등 관리, 소통 등 팀 내에서의 업무 수행과 관계 형성에 필요한 능력입니다.

갤럽 강점진단에서는 34가지 강점에 대한 결과를 제공합니다. 이를 통해 본인이 가진 잠재력과 개발할 수 있는 능력을 파악할 수 있습니다. 또한, 이를 통해 개인의 강점을 파악하고 이를 바탕으로 자신의 경력 발전에 활용할 수 있습니다.

• VIA(Virtues in Action) 강점테스트

마틴 셀리그먼(Martin Seligman) 교수가 개발한 테스트로, VIA 캐릭터 강점 분석도구(Character Strengths and Virtues : A Handbook and Classification)를 기반으로 합니다. 이 테스트는 240개의 질문에 대한 답변을 통해 본인의 강점을 분석합니다.

VIA 강점테스트에서는 다음과 같은 24가지 강점을 분석합니다.

창의성	새로운 아이디어를 만들어내고 창의적인 방법으로 문제를 해결하는 능력
호기심	새로운 지식을 탐구하고 배우는 능력
윤리성	정직하고 공정하며 도덕적인 행동을 취하는 능력
열정	열정적이고 강력한 감정을 가지고 목표를 추구하는 능력

나를 빛나게 하는 셀프리더십

관용	다양한 사람들과 상황에 대한 이해와 인내심을 가지는 능력
인내	어려운 상황에서도 끝까지 노력하고 버텨내는 능력
선의	다른 사람들을 도우며 선한 행동을 하는 능력
대인관계	다른 사람들과의 관계에서 효과적으로 소통하고 대처하는 능력
적극성	활동적이며 적극적으로 목표를 추구하는 능력
자신감	자신의 능력과 가능성에 대한 믿음을 가지는 능력
공감	다른 사람들의 감정과 상황에 공감하며 이해하는 능력
주도성	문제를 해결하고 일을 성공적으로 이끌어가는 능력
정직성	거짓말을 하지 않고 정직한 행동을 하는 능력
타인을 돕는 마음	다른 사람들을 도우며 봉사하는 능력
유연성	다양한 상황에 적응하고 적절하게 대처하는 능력
인지력	문제를 해결하고 정보를 분석하는 능력
외향성	다른 사람들과 함께 일하며 활발하게 대화하는 능력
자기성찰	자신의 행동과 생각을 돌아보고 파악하는 능력
자기통제	감정을 제어하고 유연하게 대처하는 능력
자기성장	지속적인 학습과 성장을 추구하는 능력
자기희생	자신의 이익보다는 타인이나 그룹의 이익을 위해 희생하는 능력
자비	다른 사람들을 용서하고 이해하며 관대한 태도를 가지는 능력
규율성	계획적이고 조직적인 생활을 하는 능력
믿음	믿음과 신념을 가지고 행동하는 능력

VIA 강점테스트는 Gallup StrengthsFinder와는 달리 무료로 이용할 수 있으며, 강점 분석 결과를 제공합니다. 강점 분석 결과를

바탕으로 본인의 강점을 인식하고, 강점을 더욱 발전시키는 방향으로 노력할 수 있습니다. VIA 강점테스트는 온라인으로 접근할 수 있으며, 다양한 언어로 제공됩니다. 이 테스트는 인성심리학을 기반으로 하며, 자신의 강점뿐만 아니라 개선이 필요한 부분도 알려줍니다.

• 클리프턴 강점진단(CliftonStrengths)

이 테스트는 갤럽이 개발한 강점진단(StrengthsFinder)의 업그레이드 버전으로 2001년부터 사용되어 오고 있습니다. 클리프턴 강점진단은 기존의 강점진단 도구와 달리, 개인의 능력을 발전시키는 것에 집중하여 개발되었습니다.

클리프턴 강점진단은 진단을 위해 177개의 질문을 포함하고 있으며, 이를 통해 개인의 34가지 강점을 확인할 수 있습니다. 클리프턴 강점진단에서는 개인이 가진 강점을 4가지 범주로 구분하여 분석합니다.

첫 번째 범주는 영감, 통찰력, 창의성을 나타내는 '전략'입니다. 이 범주에 속하는 강점들은 문제 해결 능력이 뛰어나고 창의적인 아이디어를 만들어 낼 수 있습니다.

두 번째 범주는 타인과 소통하고 협력하는 능력을 나타내는 '관계'입니다. 이 범주에 속하는 강점들은 타인과 소통하며 팀워크를 발휘할 수 있으며, 타인을 이끌어 나가는 능력도 뛰어납니다.

세 번째 범주는 계획, 실행, 완수를 나타내는 '실행'입니다. 이 범주에 속하는 강점들은 목표를 설정하고 계획을 세우며, 이를 실제로 실행해나가는 능력이 뛰어나며, 일을 완성하는 데에도 높은 역량을 발휘합니다.

네 번째 범주는 지식과 경험을 바탕으로 문제를 해결하는 능력을 나타내는 '지식'입니다. 이 범주에 속하는 강점들은 지식과 경험을 적극적으로 활용하여 문제를 해결하는 능력이 뛰어나며, 타인의 행동을 이해하고 지도할 수 있는 능력도 있습니다.

클리프턴 강점진단은 진단 결과를 바탕으로, 개인이 가진 강점을 인식하고 이를 발전시키는 데 도움을 주는 강력한 도구입니다.

이외에도 인터넷 검색을 통해 다양한 강점테스트를 찾아볼 수 있습니다.

자신의 강점을 파악하고 이를 활용하여 더 나은 성과를 이루어 나가는 것은 매우 중요합니다.

강점을 찾는 것은 쉽지 않은 과정이지만, 다양한 방법을 활용하여 찾아보면 본인이 가진 잠재력을 발견하고 더 나은 방향으로 나아갈 수 있습니다.

긍정성 키우기와 강점찾기 과정을 통해 스스로를 반짝반짝 빛나는 명품으로 꼭 만들어 보시길 바랍니다.

나를 좋은 곳으로 데려가는
이것

여러분 제가 퀴즈하나 내보겠습니다.

나는 누구일까요?

나는 당신과 늘 함께합니다.
나는 당신에게 힘을 주기도 하고 무거운 짐을 지우기도 합니다.
나는 당신을 성공하게 하기도 하지만 당신을 실패하도록 만들기도 합니다.
나로 인해 당신은 영웅이 될 수도 있고, 패배자가 될 수도 있어요.
당신은 나를 길들일 수 있어요.
훈련시킬 수도 있어요.

나는 누구일까요?

혹시 여러분은 정답을 찾으셨나요?
힌트를 드려볼까요? 정답은 두 글자이고, 초성은 'ㅅ'으로 시작합니다.

시간? 성공? 성격? 수고? 순간?
아닙니다.

나는 바로,
세 살 적 버릇 여든까지 간다는 '습관'입니다.

여러분은 아침에 눈을 뜨면 가장 먼저 무엇을 하시나요?
'물을 마신다', '양치를 한다', '시간을 확인한다', '날씨를 확인한
다', '일정을 확인한다', '침구를 정리한다', '스트레칭을 한다', '밥
준비를 한다' 등등 다양한 자신만의 루틴으로 아침을 시작하실 텐
데요.

그 첫 단계의 일을 아침에 '1번 물 마시기, 2번 양치하기' 이렇게
하지 않잖아요. 그냥 습관처럼 자연스럽게 늘 하던 대로 그 일을
하는 거죠.

그렇다면 하나의 습관이 생기기까지는 며칠 정도 걸릴까요?

나를 좋은 곳으로 데려가는
5가지 습관의 힘

2010년 런던대학교 John Wiley & Sons 연구진이 발표한 「How
are habits formed : Modelling habit formation in the real world」

라는 논문에 의하면 하나의 습관이 생기는 데 소요되는 시간이 66일 정도라고 합니다.

실험에 참여한 사람들에게 점심시간쯤에 과일 한 조각 먹기, 점심 식사 때 물 한 병 마시기, 저녁 식사 전에 15분 뛰기, 아침에 조깅하기 등을 실시하도록 했는데요.

습관을 몸에 행하는 '자동성'의 순간의 결과치를 측정한 결과 사람마다 18일에서 최대 254일까지 개인차가 있었지만 '새로운 행동에 대한 거부감이 사라지는 데는 평균 21일이, 습관으로 만들어지는 데는 평균 66일이 걸린다'고 발표했습니다.

우리는 하루에 수많은 행동들을 반복하며 살아가는데, 이 중 많은 행동은 습관으로 만들어진 것입니다. 습관은 우리가 의지력을 소모하지 않고도 자동적으로 수행할 수 있는 행동으로, 우리 인생에서 매우 중요한 역할을 합니다.

우리는 하지 않던 어떤 행동을 무의식화해서 힘들이지 않고 자동으로 해내기 위해서 즉, 새로운 습관을 만들기 위해서는 66일, 2달 정도는 매일매일 반복해서 그 행동을 연습해야 한다는 것을 알았습니다. 이 기간에 일정한 노력과 끈기를 가지고 계속 반복하면, 처음에는 의지력이 필요했던 행동이 습관으로 자리 잡게 되고, 자연스럽게 수행할 수 있는 행동으로 바뀌게 된다는 것도 확인했습니다.

66일 습관의 법칙은 단기적인 목표보다는 장기적인 목표에 더 적합합니다. 예를 들어, 운동하거나 건강한 식습관을 만들고자 할

나를 빛나게 하는 셀프리더십

때, 원래 사용하던 방식이 아닌 다른 방식으로 대화를 하고자 할 때, 쓰지 않던 일기를 쓰려고 할 때 등이 있죠.

삶의 태도를 바꾸고 싶을 때는 습관이 될 때까지 꾸준히 반복하는 것이 필요합니다. 이러한 습관은 우리의 삶에 긍정적인 변화를 가져다줄 것입니다.

그렇다면 원하는 것들을 이루며 건강하고 행복한 삶을 위해서는 어떤 습관이 필요할까요?

첫 번째 성공하는 습관은 '시간관리'입니다.

어떤 사람에게든 하루는 24시간이기에 이 세상에서 시간만큼 공평한 것은 없는 것 같습니다. 혹시 여러분도 시간이 없어서 운동을 못하고, 시간이 없어서 책을 못 읽고, 시간이 없어서 새로운 것을 배울 수가 없다는 말을 자주 하고 계시지는 않나요? 시간을 잘 쓰는 사람들은 자투리 시간활용을 잘 한다고 합니다. 이동 시간, 음식을 주문하고 음식이 제공되기까지의 시간, 약속 시간에 친구를 기다리는 잠깐의 시간, 다음 일정까지의 공백 시간 등 우리의 일상은 자투리 시간으로 가득합니다. 5분, 10분, 15분 하루에 조각난 그 시간들을 합하면 상당한 시간이 됩니다. 여러분은 이런 빈 시간을 어떻게 쓰고 계신가요?

자투리 시간에 데이트를 하거나 가족과 여행을 할 수는 없습니다. 하지만 그 시간에 얼마든지 생산적인 다른 것들을 해낼 수 있습니다.

예를 들어 하루 일과를 확인하거나, 외국어 단어 5~10개 외우기, 책 10~20쪽 읽기, 휴대폰에 있는 파일이나 사진 정리하기, 명상하면서 생각 정리하기 등등 10~15분이면 충분히 할 수 있는 생산적인 일들이 가득합니다. 이런 자투리 시간을 잘 활용한다면 우리는 얼마든지 하루를 여유 있게 그리고 생산적으로 살아낼 수가 있습니다.

여러분은 자투리 시간에 어떤 생산적인 일을 해보시겠어요? 자투리 시간이 금이 되는 무언가를 꼭 해보시기 바랍니다.

두 번째 성공하는 습관은 메모의 힘 활용하기입니다.

하루하루 바쁘게 살아가다 보면 내가 무엇을 하고 있는지, 또 무엇을 위해 살아가고 있는 것인지 방향성을 잃기도 합니다. 그러한 방향성을 바로잡고 삶의 계획대로 일상을 이끌어주는 힘을 가진 것이 바로 '메모'인데요.

우리가 잘 알고 있는 백만장자 빌 게이츠는 평소 떠오르는 생각을 그때그때 기록해두는데요. 메모하는 방법도 독특합니다. 메모를 그냥 써내려 가는 것이 아니라 종이를 네 면으로 나누고 각각 다른 생각을 적은 후 일주일 동안 이 메모에 대해 사색하는 시간을 갖는다고 합니다. 이외에도 아인슈타인, 레오나르도 다빈치, 링컨, 에디슨 등도 유명한 메모광이었는데요. '레오나르도 다빈치'가 생전에 남긴 3만 여장의 메모를 엮은 책 『코데스 해머』는 2014년 빌 게이츠에게 3,100만 달러, 한화로 약 372억 원에 팔리기도 했습니다. 또한 토머스 에디슨이 보유한 메모장의 권수는 3,200권에 달하고 메모와 일기의 분량은 500만 장이나 되었다고 하는데요. 일상에서 많은 메모를 남긴 덕에 각종 정보를 효율적으로 조합하여 적재적소에 활용할 수 있었고 그 결과 수많은 발명품을 남기며 인류 역사상 최고의 발명왕으로 인정받을 수 있었던 것 같습니다.

이렇듯 일상의 메모는 생각보다 많은 힘을 발휘합니다.

메모를 작성함으로써 중요한 정보나 아이디어를 기록하여 기억력을 강화할 수 있는데요. 기억이 희미해지더라도 필요할 때 메모를 통해 쉽게 정보를 찾을 수 있습니다. 또한 머릿속에 떠다니는 생각이나 아이디어를 메모로 정리하면 마음의 혼란을 줄이고 집중력을 강화할 수 있습니다. 업무 관련 메모를 작성하면 업무 효율성이 향상되는데요. 중요한 일정, 할 일 목록, 회의 내용 등을 메모로 정리하여 생산성을 높이고 업무를 더 효과적으로 수행하는 데 도움을 받을 수 있습니다. 메모는 시간이 지나도 영구적으로 남아있기 때문에 나중에 다시 찾아보며 성장과 발전에 도움이 됩니다. 길을 가다가, 산책을 하다가, 목욕을 하다가 문득 떠오르는 것들을 메모하는 습관은 일상생활과 업무에 많은 혜택을 가져다주고, 지속적으로 습관으로 만들어 나가면 기록은 기억을 이기게 되고, 꿈은 현실로 이루어질 것입니다.

성공을 위한 세 번째 습관은 감사일기 적기입니다.

감사일기를 쓰는 것은 많은 심리적, 정서적, 그리고 신체적인 긍정적 효과를 불러일으키는 효과적인 방법입니다. 먼저, 감사 일기는 매일 느끼는 감사한 일들을 기록하는 것으로 시작하는데요. 이를 통해 일상적으로 간과되거나 당연시 되는 것들에 대한 높은 감사의식을 갖게 되고 부정적인 감정들이 상쇄되면서 자연스럽게 긍정적인 마인드셋을 강화시켜줍니다. 또한 감사 일기를 쓰면서 자기 자신의 성장과 발전에 대해 더 많은 인식을 갖게 되는데요~ 감사일기를 쓸 때는 몇 가지 규칙이 있습니다.

먼저, 무엇이 감사한지 구체적으로 작성해야 합니다. 예를 들어 '오늘 하루도 잘 살아서 감사합니다'가 아니라 '오늘 아침에 눈을 뜰 때 상쾌한 기분으로 제 시간에 기상할 수 있어서 감사합니다.' 처럼 막연한 삶에 대한 감사가 아니라 무엇이 감사한지 구체적으로 작성해야 합니다.

두 번째 규칙은 부정형이 아닌 긍정형으로 작성해야 합니다. 예를 들어 '오늘 하루도 사고가 없어서 감사합니다.'가 아니라 '오늘도 가족들 모두 건강히 하루를 마감하고 저도 건강히 잠자리에 들 수 있어서 감사합니다.' 이렇게 긍정형으로 작성해야 긍정적 마인드셋이 더 강화됩니다.

그리고 마지막 규칙은 자기확언으로 감사일기를 작성하는 것인데요. '몸이 건강해지고 싶다'가 아니라 '나는 하루 2만 보 걷기를 통해 건강해지고 있고, 지금도 건강하고, 앞으로 더 건강해진다.' 처럼 내가 바라는 상태가 꼭 이루어진다는 믿음을 가지고 작성하는 방법입니다. 감사일기를 작성하는 습관은 성취와 성공을 인정하고 자신을 격려함으로써 더 나은 자신을 만들어 가는 데도 도움이 됩니다. 하루를 돌아보고 소소한 감사한 일들을 찾아 기록해 보는 일을 반복하면서 습관으로 만드시면 매일 매일이 감사한 일들로 가득하다는 것을 느낄 수 있으실 겁니다. 이러한 감사를 실천하는 사람은 더 성공적으로 목표를 달성하게 됩니다.

성공을 위한 네 번째 습관은 독서입니다.

르네 데카르트는 좋은 책들의 독서는 과거 몇 세기 동안의 가장 뛰어난 사상가들과 대화하는 것과 같다고 말하기도 했는데요. 독서는 새로운 지식과 정보를 습득하여 지혜를 얻고 성장하는데 매우 중요한 활동입니다.

그렇다면 지금부터 독서 습관을 가지기 위한 몇 가지 팁을 알려드리겠습니다. 첫 번째는 독서 스케줄을 설정하는 겁니다. 일정한 독서 스케줄을 설정해서 매일 특정 시간을 독서에 할애하는 것이 중요합니다. 자기 시간을 만들어 독서를 우선순위로 두고 지속적으로 읽을 수 있도록 계획해보세요.

두 번째는 독서 목표를 설정하고 달성해 나가는 것이 좋습니다. 한 달에 몇 권의 책을 읽을지, 혹은 일주일에 몇 페이지를 읽을지 등 구체적인 목표를 세워 보세요. 그리고 책을 항상 손이 닿는 곳에 두어서 시간이나 기회가 생겼을 때 쉽게 독서를 시작할 수 있는 환경을 만드는 것도 좋은 방법입니다. 마지막으로는 독서 커뮤니티나 독서 동아리에 가입해서 다른 사람들과 책에 대해 이야기를 나누고 교류하는 것도 좋은 방법입니다. 이런 활동은 지식과 경험을 누적하여 성장할 수 있고, 이는 결국 독서에 대한 동기부여를 얻을 수 있습니다. 습관적으로 독서를 즐기며, 점차 책을 읽는 것이 즐거운 일이 될 수 있도록 노력해보는 것은 어떨까요?

성공을 위한 마지막 습관은 건강관리입니다. 위의 성공 습관을 지속적으로 실행하고 유지할 수 있는 힘은 바로 충분한 휴식과 건강한 식단, 운동 등을 통해 에너지를 충전하고 건강한 상태를 유지하는 것입니다. 신체의 근육량은 태어나서 성장함에 따라 차츰 늘어나 20세 정도에 최고점에 달하게 되고, 그때부터 근육량은 점점 줄어들어 특히 30세 이후로 운동을 하지 않으면 급격한 감소세에 접어든다고 합니다. 미국의 한 의료팀이 워킹, 러닝, 수영, 웨이트 트레이닝, 스트레칭 중 어떤 운동이 건강개선에 가장 효과적인지를 조사했는데, 다양한 운동의 조합 효과를 실험한 결과, 웨이트 트레이닝과 스트레칭의 조합이 가장 효과적인 것으로 밝혔습니다.

두 가지를 함께 할 때 시너지가 일어난다고 하니 여러분도 꾸준한 웨이트 트레이닝과 스트레칭으로 건강하게 체력 관리를 해보시는 건 어떨까요?

신체 건강을 유지하는 것과 함께 정신적인 건강을 유지하는 것도 중요한데요. 정신적인 건강은 긍정적인 마인드셋과 안정된 정서를 유지하는 것을 의미합니다. 이를 위해 시간가는 줄 모르고 푹 빠져서 할 수 있는 취미 활동을 찾아본다거나 가장 좋아하는 것을 하면서 보내는 나만의 여가 시간을 반드시 확보하는 것이 필요합니다. 그리고 무엇보다 일과 여가, 업무와 가정생활, 개인적인 목표와 사회적인 의무 등의 다양한 요소들을 고려해서 그 균형을 유지하는 것이 중요합니다. 적절한 휴식과 여가 시간을 가지면서, 필요한 지원을 받는 것도 중요한 자기관리의 일환입니다. 행복의 90%는 건강에 달려있다고 말한 쇼펜하우어의 명언처럼 건강은 제일의 재산입니다. 이 세상을 살면서 무엇보다 중요한 것은 자신의 건강을 지키는 일입니다. 인생의 큰 변화는 작은 습관에서부터 시작된다고 하니 여러분의 건강을 지켜줄 수 있는 신체활동과 여가 활동을 꼭 찾아 지금 바로 시작해보시기 바랍니다.

매일 반복해서 하는 일들은 익숙함으로 인해 편안함을 주기도 하지만, 살던 대로 살게 되면서 우리가 원하는 무엇인가를 생각지 못하게 만들기도 합니다. 우리가 원하는 것이 있음에도 그것을 행동으로 옮기지 못하고 어제 같은 오늘을 무의미하게 반복하고 있다면 한번쯤 변화를 위한 시도를 생각해볼 일입니다. 금연하기, 아침에 1시간 더 일찍 일어나기, 중도에 포기했던 것 다시 배우기 등 이러한 목표를 달성하기 위해 습관을 만드는 과정에서는 스스로에게 지속적인 동기부여가 필요합니다. 습관을 만들어 나가는 과정에서 실수하거나 실패하더라도 다시 일어나서 계속 노력하는 것이 중요합니다. 실패는 성장을 위한 소중한 경험입니다. 실패를 자신의 능력향상을 위한 자연스러운 과정으로 받아들이는 것은 성장 마인드셋을 강화하는 데 도움이 됩니다. 실패의 원인을 분석하고 어떤 부분에서 잘못되었는지, 어떤 조치를 취할 수 있었는지 등을 돌이켜보면서 경험에서 얻은 교훈을 기반으로 실패의 원인을 해결하고, 더 나은 방법을 찾아내기 위해 노력하면 이를 통해 미래의 도전에서 더 나은 결과를 이끌어 낼 수 있습니다.

성공적인 습관 형성을 위해서는 명확하고 현실적인 목표를 설정할 수 있어야 합니다. 꿈이란 막연하고 그저 하고 싶은 것에 그치기가 쉽지만 목표를 문서화 해서 구체적으로 실행하면 현실이 될 가능성이 높아지는데요, 이처럼 목표를 설정할 때는 막연히 이루고 싶은 무언가가 아닌 구체적으로 실현할 수 있는 수치와 마감 기한이 있어야 합니다.

예를 들어 다이어트가 목표라면 '살빼기'라고 목표를 정할 것이 아니라 '5월 30일까지 5kg 감량하기'처럼 목표에 대한 마감기한과 구체적인 수치를 적어야 이루어질 가능성이 높아지는 것입니다. 다른 예로, 건강한 체력을 기르고 싶다면 '체력 기르기'가 아니라 '매일 달리기 30분', '걷기 1만 보', '스쿼트 100회' 등으로 3개월 안에 체지방 5kg 감소, 근육량 3kg 증가시키기 등 구체적으로 목표를 달성하기 위해 필요한 행동과 목표수치를 정하는 것입니다. 이렇게 원하는 목표를 구체적으로 적고 하나하나 실행해 나가다 보면 분명 원하는 것들을 하나하나 이루어낸 여러분을 발견하시게 될 것입니다.

습관은 우리의 일상적인 행동과 생활 방식을 결정짓는 힘이고, 성공적인 일상을 구축하는 데 큰 영향을 줍니다. 우리가 일상적으로 반복하는 습관들은 우리의 행동과 태도를 형성하고, 우리가 원하는 목표를 달성하는데 필수적인 요소입니다. 성공적인 사람들은 일상적인 루틴과 습관을 통해 지속적인 성과를 이루고, 성공적인 결과를 얻게 됩니다. 삶의 태도를 바꾸고 싶을 때는 습관이 될 때까지 꾸준히 반복하는 것이 필요합니다. 이러한 습관은 우리의 삶에 긍정적인 변화를 가져다줄 것입니다.

여러분은 어떤 사람이 되고 싶나요? 여러분이 진짜로 원하는 삶은 어떤 것인가요?

이 책을 통해 진짜 나를 찾아가는 과정, 진짜 내가 원하는 것이 무엇인지 찾으셨나요?

나를 제대로 알고 반짝반짝 빛나게 해줄 방법을 찾는 즐거운 여정이 되셨기를 기원하면서 글을 마치려고 합니다.

"자기 자신을 이기는 것은 세상에서 가장 어려운 일 중 하나이다"

— 아리스토텔레스

"자신을 이긴 자가 가장 위대한 승자이다"

— 플라톤

"자신을 지배하는 사람은 세계를 지배한다"

— 라이너 마리아 릴케

"자기 자신을 잘 이끄는 사람은, 세상을 더 잘 이끌 수 있다"

— 마이클 조던

셀프리더십은 자기 자신을 이끌어 내는 능력입니다. 일상 생활, 직장, 학교에서 이루어지는 모든 인간관계에서 이것은 매우 중요한 역할을 합니다.

셀프리더십을 갖춘 사람들은 자신의 잠재력을 깨우치고 목표를 설정하며 그에 따라 행동할 수 있습니다. 이는 일상 생활에서도 큰 차이를 만듭니다. 셀프리더십을 가진 사람은 더 나은 결정을 내릴 수 있고, 문제를 해결하는 데 능숙합니다.

직장에서는 셀프리더십이 더욱 중요합니다. 셀프리더십을 가진 사람들은 자신의 일에 대한 책임감을 가지고, 목표를 달성하기 위해 노력합니다. 그들은 동료들과 협력하며, 조직의 목표를 달성하기 위해 노력합니다.

또한, 셀프리더십은 지속적인 개인 발전과 성장에도 중요한 역할을 합니다. 자기 자신을 이끌어 나가는 것은 자신의 능력과 한계를 파악하고, 계속해서 배우고 성장하기 위한 첫걸음입니다.

처음 이 책을 집필하려고 마음을 먹었을 때, 독자들과 어떻게 소통하면 좋을까에 대한 고민을 참 많이 했던 것 같습니다. 무엇보다 쉽게 읽히는 책이었으면 했고, 그렇다고 남는 것이 하나도 없으면 안 되니, 각자의 삶에 무언가 하나라도 도움이 될만한 내용들을 담고 싶었습니다. 집필과 강의가 동시에 이루어졌었기 때문에, 강단에서 교육을 진행하면서 느끼는 감정들을 틈틈이 기록하고, 나누고 싶은 아이디어가 생기면 잊어버리기 전에 녹음을 하며, 하루하루 행복하고도 감사한 날들을 보냈습니다.

원고 집필이 끝나고 나서는 아쉽기도 하고, 왠지 모를 허탈감에 잠시 멍하기도 했습니다.

이 책을 끝까지 읽어주신 여러분께 진심으로 감사의 말씀을 전합니다. 부디 이 책의 어느 한 구절이라도, 여러분의 삶에 단비처럼 스며들어 '그래도 이 책 덕분에, 어제보다 조금 더 나은 오늘이었어', '이건 꼭 한번 써먹어 봐야겠다'라는 생각이 들었기를 바라

봅니다. 또, 책을 다 읽고 뭔지 모를 희망감에 씨익 웃음 짓는 하루가 되셨기를 기원합니다.

진심으로 바라건대 책을 읽기 전보다 조금 더 행복한 오늘이었기를 기도합니다.

가시는 발걸음 닿는 곳마다 즐겁고 행복한 꽃길이시기를 바라며 글을 마칩니다.

감사합니다.

한국감성소통연구소

박지아 대표